# 50 EXERCICES D'ALTRUISME

Groupe Eyrolles
61, bd Saint-Germain
75240 Paris Cedex 05

www.editions-eyrolles.com

*Gilles Diederichs* est musico-thérapeute et sophro-relaxologue. *Formé à la chromothérapie et à la PNL, il intervient en entreprise sur la gestion du stress. Il est aussi auteur, compositeur et interprète de musiques de bien-être destinées aux enfants comme aux seniors.*

*Pour en savoir plus sur l'auteur et le contacter :*
**www.lescouleursmusicales.com**

*Avec la collaboration de Charlène Charillon.*

© Groupe Eyrolles, 2013
ISBN : 978-2-212-55492-2

*Gilles Diederichs*

# 50 EXERCICES D'ALTRUISME

EYROLLES

**Dans la même collection :**

Philippe Auriol et Marie-Odile Vervisch,
- *50 exercices pour apprendre à s'engager.*
- *50 exercices pour s'affirmer.*
- *50 exercices pour changer de vie.*
- *50 exercices pour penser positif.*

Sophie et Laurence Benatar, *50 exercices de relooking.*

Laurence Benatar, *50 exercices de confiance en soi.*

France Brécard, *50 exercices pour savoir dire non.*

Christophe Carré,
- *50 exercices pour maîtriser l'art de la manipulation.*
- *50 exercices pour résoudre les conflits sans violence.*

Catherine Cudicio, *50 exercices de PNL.*

Hélène Dejean et Catherine Frugier, *50 exercices d'analyse transactionnelle.*

Émilie Devienne (sous la direction de),
*50 exercices pour bien commencer l'année.*

Émilie Devienne, *50 exercices pour prendre la vie du bon côté.*

Valérie Di Daniel,
- *50 exercices pour mieux respirer.*
- *50 exercices pour gérer ses émotions.*

Gilles Diederichs,
- *50 exercices de spiritualité.*
- *50 exercices de zen.*

Laurie Hawkes, *50 exercices d'estime de soi.*

Bernadette Lamboy, *50 exercices pour être bien dans son corps.*

Philippe Lebreton, *50 exercices pour développer son influence.*

Laurence Levasseur,
- *50 exercices pour gérer son stress.*
- *50 exercices pour prendre la parole en public.*
- *50 exercices pour profiter du moment présent.*

Virgile Stanislas Martin,
- *50 exercices pour pratiquer la Loi d'Attraction.*
- *50 exercices pour convaincre.*
- *50 exercices d'Ho'oponopono.*

Virgile Stanislas Martin et Guillaume Poupard,
*50 exercices de systémique.*

Sophie Mauvillé et Patrick Daniels,
*50 exercices pour décrypter les gestes.*

Mireille Meyer, *50 exercices d'autohypnose.*

Paul-Henri Pion, *50 exercices pour lâcher prise.*

Géraldyne Prévot-Gigant,
- *50 exercices pour développer son charisme.*
- *50 exercices pour apprendre à méditer.*
- *50 exercices pour sortir de la dépendance affective.*
- *50 exercices pour sortir du célibat.*

Jacques Regard,
- *50 exercices pour ne plus subir les autres.*
- *50 exercices pour ne plus tout remettre au lendemain.*
- *50 exercices pour retrouver le bonheur.*

Jean-Philippe Vidal, *50 exercices pour mieux communiquer avec les autres.*

## Dans la même série :

Guillaume Clapeau, *50 exercices pour survivre aux réunions de famille.*

Émilie Devienne, *50 exercices pour rater sa thérapie.*

Philippe Noyac, *50 exercices pour terrasser ses ennemis.*

Tonnie Soprano et Billie Alto, *50 exercices pour éduquer son homme.*

# Sommaire

## 4. Développer son potentiel d'énergie pour mieux le partager . . . . . . . . . . . . . . . . . . . . . . . . . . . . . . . .57

## 5. Développer un pont émotionnel et mental entre soi et les autres . . . . . . . . . . . . . . . . . . . . . . . . . .65

## 6. Apprendre les bases de l'altruisme . . . . . . . . . . . . .73

# Introduction

Vous êtes-vous souvent posé la question : « Que pourrais-je faire pour que les autres aillent mieux ? » Sincèrement, combien de fois avez-vous mis en pratique un programme concret du type : « Aujourd'hui, je réalise trois actions totalement gratuites pour les autres » ? En quoi le fait de mettre en place un chemin basé sur des relations désintéressées est-il pour vous source de problèmes ? Et si penser au bien-être des autres vous permettait de penser à votre propre réalisation ? Comment aller dans ce sens ?

Par la mise en œuvre de l'altruisme, vous ouvrez une nouvelle porte relationnelle dans votre vie ; en effet, instillée intelligemment et avec discernement, cette faculté est comme un boomerang qui revient vers son lanceur. Naissent en retour la gratitude, la bienveillance, et surtout un nouvel espace nourricier qui va alimenter un autre rapport au monde… Attention, on ne parle pas de vous oublier dans cette pratique, mais au contraire de vous trouver et de développer votre propre source de compassion, sans les artifices et pièges de l'ego ! Ainsi, un tel chemin vous obligera à porter un regard conscient sur ce qui vous entoure, et c'est ce regard sans jugement qui vous aidera à construire une force et une détermination qui favoriseront une nouvelle forme de croissance intérieure !

Voici donc 50 exercices qui vont vous aider à réaliser que votre bonheur dépend aussi de celui des autres et que vous y êtes lié ! Seront mis en lumière vos interdits, vos peurs ancestrales et sécuritaires, vos transferts et mythes de « sauveur du monde » ou de sacrifice de soi... Seront semées les graines de l'altruisme et de la compassion et sera insufflée la volonté d'aller en avant pour découvrir, rencontrer, connaître, tout en étant responsable et en accord avec vos sentiments profonds... On ne reçoit que la part que l'on donne, donc notre richesse dépend de notre volonté d'échange. En actionnant cette roue de vie, vous rentrez de plain-pied dans votre rôle d'acteur du fonctionnement de ce monde. Place donc à l'altruisme !

# 1

●

# Actions réactions : prendre conscience de notre responsabilité et comprendre les conséquences de nos actes

Une pierre qui tombe dans l'eau et vous voilà éclaboussé. Un mot plus haut que l'autre et vous prenez de plein fouet une réaction inattendue ! Un oubli dans un paiement et vous vous retrouvez soumis à une majoration ! Rien n'est ici inventé mais bien réel ; toute pensée, tout acte ou non-acte amène une réaction ! Cela signifie aussi que l'existence vous expose, au quotidien, à tout type d'expérience qui peut se renouveler indéfiniment, tant que vous n'avez pas compris que c'est vous qui mettez en place ce processus. Par ces premiers exercices, vous allez intégrer et comprendre votre part de responsabilité dans vos actes et bien en discerner les conséquences. Ceci vous permettra ensuite de mieux concevoir comment apporter une aide constructive et juste à vos semblables !

# Exercice n° 1 • Responsable mais pas coupable !

Prendre conscience que toute action amène une réaction vous permettra déjà de vous éviter bien des désillusions !

*Prenez un stylo et répondez par oui ou par non aux questions posées.*

| Y a-t-il des conséquences visibles et concrètes quand... | Oui/Non |
|---|---|
| ... vous êtes attentif au bien-être de vos proches ? | |
| ... vous êtes de mauvaise humeur très régulièrement ? | |
| ... vous cherchez à connaître à l'avance ce qui ferait plaisir ? | |
| ... vous prenez chaque matin les deux croûtons de la baguette fraîche ? | |
| ... vous faites des efforts pour rester poli dans des moments difficiles ? | |
| ... vous mangez sans distinguer ce qui est bon ou mauvais pour votre corps ? | |
| ... vous laissez votre place assise à une personne âgée ? | |
| ... vous profitez de votre influence pour obtenir ce que vous désirez ? | |

## Commentaire

**Plus de oui que de non :**

*Que les conséquences soient positives ou négatives pour vous, vous avez conscience que toute action engendre une réponse qui aura une influence sur votre quotidien. Vous êtes du genre responsable. C'est le premier pas vers l'altruisme.*

**Plus de non que de oui :**

*Clairement, vous ne ressentez pas les conséquences qu'impliquent vos propres actions sur la vie des autres. Vous ne vous sentez que peu coupable ou responsable, vous êtes plutôt de type profiteur. Il va vous falloir apprendre à mieux ressentir comment votre comportement influence celui des autres et ce qui vous est renvoyé en conséquence.*

**Un proche équilibre des oui et des non :**

*Il vous faut encore comprendre et affiner les besoins concrets de vos semblables. Vous êtes de tempérament à ne pas assez approfondir les choses, donc à moitié responsable. L'altruisme ne se fonde pas sur des choix mi-figue mi-raisin !*

# Exercice n.2 • Les événements répétitifs

Des événements qui reviennent en boucle dans votre vie sont la preuve que vous entretenez un type de pensées répétitives, au sujet de thèmes bien précis, sans vous en rendre compte. Voici des pistes pour le conscientiser.

*Ci-dessous sont proposés des domaines de vie ou des situations. Écrivez un exemple personnel, concret, d'événement que vous pourriez discerner comme répétitif, et en quoi votre manière d'être et de penser peut être à la source de cette répétition.*

**1.** Dans vos relations familiales :

_____

_____

_____

**2.** Dans vos relations amoureuses :

_____

_____

_____

**3.** Dans vos relations au travail :

_____

_____

_____

**4.** Dans vos relations amicales :

_____

_____

_____

**5.** Dans des moments où vous vous sentez en parfaite harmonie :

_____

_____

_____

**6.** Dans des moments où vous sentez en pleine souffrance :

_____

_____

_____

**7.** Dans des moments où vous donnez sans compter :

_____

_____

_____

**8.** Dans des moments où vous éprouvez une grande solitude :

_____

_____

_____

**9.** Dans des moments où apporter de l'aide vous fait du bien :

_____

_____

_____

## Commentaire

*La répétition d'événements démontre que depuis longtemps vos concepts mentaux « tournent en rond », selon des schémas emprisonnants. La mise à jour via cet exercice est importante. Déjà parce que poser votre conscience sur ces états de fait vous permet de réagir en changeant votre manière de penser et donc de briser le cercle des répétitions. Ensuite et surtout parce que vous verrez vite qu'il existe des points communs inattendus entre ces domaines (famille, amis, travail) qui paraissent si différents... C'est là le début d'une conscience beaucoup plus vaste qui va définir votre caractère général et les possibilités d'en changer les traits afin de pouvoir y intégrer un nouveau rapport avec vos semblables. C'est donc déjà faire preuve d'attention et de charité envers vous-même avant d'aller vers les autres ; c'est là une des bases de l'altruisme !*

# Exercice n°3 • Les pensées actives à retardement

Des schémas anciens font que, par moments, vous explosez dans votre rapport aux autres. Voici comment déconnecter ces « mines » enfouies qui un jour font des ravages dans vos relations.

*Prenez un stylo et une feuille de papier.*

Dessinez au centre un cercle où vous inscrirez le terme « famille ». Puis, tout autour, d'autres cercles où vous écrirez les mots « amis », « amour », « travail ». En pensant en termes d'événements familiaux, tels que solitude, souffrance, manque de cadre, violence morale... vous allez tracer des flèches partant de « famille » vers les autres catégories.
Pour cela, vous réfléchirez sur l'influence concrète qu'ont encore sur votre vie ces événements passés.

## Commentaire

*Cette méthode simple et précise de recherche intérieure met très rapidement en lumière des types de comportements dus à des événements particuliers et qui agissent encore, au quotidien, dans vos relations aux autres. Prenez donc l'engagement de veiller à ne pas vous laisser diriger de nouveau par d'anciens concepts. Ces événements, une fois déconnectés de leurs contextes passés, ne se matérialiseront plus en faits concrets dans votre vie à venir. Coupez donc à la racine ces mauvaises herbes ! Tout cela a pour but d'éviter que faire preuve d'altruisme ne devienne une manière d'oublier qui vous êtes ou de racheter vos fautes, ce qui n'apporte pas du tout les mêmes résultats... L'altruisme ne vise pas à transférer sur les autres ses propres besoins.*

# Exercice 4 • Acteur ou spectateur de son rapport à l'autre ?

Vous vous retrouvez probablement très souvent à vivre des situations que vous ne désirez pas. La vraie question à vous poser alors est celle-ci : est-ce vous qui dirigez votre vie ou la personne avec qui vous partagez une relation ?

*Prenez une position confortable, qui n'entrave pas votre respiration, assis ou debout. Fermez les yeux. Respirez tranquillement, jusqu'à vous sentir détendu, et, pour chaque proposition ci-dessous, laissez naître une image, un sentiment, une émotion, que vous noterez ensuite.*

1. Dans votre rapport affectif, qui dirige la relation ?

_____

_____

_____

**2.** Dans votre rapport au travail, avez-vous le sentiment de subir ou vous sentez-vous en phase avec ce qui se déroule ?

_____

_____

_____

**3.** Dans votre rapport à la famille, vous sentez-vous libre d'exprimer vos pensées ou obligé de vous mesurer constamment ?

_____

_____

_____

**4.** Dans vos rapports amicaux, vous sentez-vous vous-même ou vous restreignez-vous dans vos expressions ?

_____

_____

_____

**5.** Dans votre relation aux gens du quotidien (dans la rue, avec vos voisins, avec les commerçants...), votre comportement vous paraît-il vous refléter ou au contraire refléter un comportement contrôlé ?

_____

_____

_____

*En faisant régulièrement la mise à jour que permet cet exercice, vous allez très vite mettre en lumière toutes les influences extérieures qui agissent en permanence sur votre quotidien. C'est ainsi que vous verrez précisément si une relation est saine ou placée sous le signe de la domination de l'un ou de l'autre et que vous percerez les mainmises sur votre mental ou votre capacité de réaction. En conséquence, vous déterminerez très simplement si vous êtes plutôt dirigé par le monde extérieur ou si c'est vous qui construisez votre vie.*

# Exercice 5 • Connaître son « gendarme intérieur »

Comme tout un chacun, vous vous interdisez de vivre certains événements. Par besoin de sécurité, pour vous préserver de l'extérieur, vous avez ainsi mis en place un « gendarme intérieur » qui fait appliquer des lois qui vous limitent dans votre expansion de conscience. Voici comment alléger cette réglementation interne ; c'est simple : vos frustrations légitimes vont parler de leur ras-le-bol de ne pouvoir se métamorphoser en accomplissement !

*Prenez une feuille de papier et échauffez-vous mentalement avant de vous mettre à écrire.*

Face à cette feuille, prenez d'abord le temps de respirer tranquillement : faites le « petit train », c'est-à-dire inspirez et expirez sur le même temps (par exemple, comptez jusqu'à deux pendant l'inspiration et deux aussi pendant l'expiration). Accélérez progressivement le cycle pendant trente secondes. Vous êtes prêt !

| Écrivez, en quelques mots, toutes les frustrations que vous ressentez en vous : liberté bafouée, alimentation bridée, plaisir non vécu, besoin d'être en colère et d'exprimer réprimé... | Écrivez consciemment tous les nouveaux engagements que vous décidez de prendre, comme réponses à ces frustrations. |
| --- | --- |
| | |

## Commentaire

*Votre « gendarme » s'est exprimé : il sera donc plus souple, beaucoup moins répressif, et vous vous sentirez plus en paix avec vos besoins réels. Faites régulièrement ce type de travail, car, bien entraîné, votre esprit saura de lui-même trouver les raccourcis afin de ne pas perdre de temps lors d'événements ou de situations où il vous faudra accélérer. Vous verrez aussi que vos réponses se résumeront très vite à un choix : « je fais » ou « je ne fais pas ! ».*

# Exercice 6 • Se débarrasser mentalement des schémas d'influence

Après avoir bien détaillé les influences extérieures qui agissent sur votre comportement, voici comment mettre peu à peu en place une vigilance mentale qui agira comme une alarme dès qu'un événement perturbateur arrivera dans votre quotidien.

*Suivez les instructions ci-dessous.*

**1.** Fermez les yeux et laissez apparaître, sur votre « écran mental », l'image d'un événement où vous vous sentez régulièrement coincé, obligé de subir la situation. Prenons l'exemple d'un collègue de travail que vous sentez dominant, volontairement ou non. Doucement, entourez cette image d'un écran noir (comme les vieux écrans de cinéma), ou, au moins, sentez que vous avez un recul sur l'événement, que vous n'êtes pas absorbé dedans.

**2.** Pour vous aider à prendre du recul face à l'émotion, respirez volontaire-ment, avec des expirations plus longues que vos inspirations. Sentez comme chaque expiration vous détache de l'événement. Prenez votre temps.

**3.** Une fois que vous vous sentez libre de la charge émotionnelle et mentale que provoquait chez vous cette relation, passez en blanc le cadre noir de l'image, ou, tout du moins, ressentez que votre respiration est plus fluide, libératrice. Goûtez tout simplement ce moment de bien-être, et comprenez que cette relation difficile vous a amené à être plus à l'écoute de vous-même et de votre positivité !

**4.** Croisez vos deux mains et serrez légèrement tous vos doigts en émettant clairement la pensée qu'à chaque fois que vous vous retrouverez dans ce type de rapport d'influence, vous aurez le recul et l'énergie nécessaires pour ne pas alimenter la situation avec une attitude de personne dominée.

## Commentaire

*Rappelez-vous qu'il faut être deux pour établir un rapport domi-
nant – dominé. En adoptant une attitude de recul et de détachement, vous faites changer la situation car vous ne l'alimentez plus ;
la nature de l'événement est forcément modifiée et il évolue différemment. Répétez régulièrement ce type d'exercice et votre cerveau
sera programmé à dévier vos réactions mentales et émotionnelles
dès qu'il ressentira une influence extérieure néfaste à votre épanouissement. Vous construisez ici une pensée réflexe, comme vous
pouvez en avoir quand vous décidez de changer de trottoir pour
éviter un groupe de gens !*

# 2
.

## Se débarrasser des freins du passé, obstacles à l'altruisme : transformer les énergies négatives

Aider en mélangeant sa propre problématique aux problèmes d'autrui est un grand classique et n'apporte généralement qu'un lot de projections qui complique tout. Il vous faut d'abord consciemment faire le ménage dans vos schémas et concepts mentaux, afin d'en extraire ce qui vous amène encore à ce jour à douter de vous, ou à prendre vos proches pour des meubles que vous pouvez disposer où bon vous semble. Plus vous serez réceptif à vos propres besoins, plus vous comprendrez ceux des autres ; l'altruisme que vous développerez alors aura beaucoup plus d'impact et les solutions qui en découleront seront viables et fécondes. Il est évident que les gens que vous avez à aider ne doivent pas servir à réparer votre passé... Donc aimez-vous les uns les autres, oui, mais commencez d'abord par vous aimer et vous respecter.

# $E$xercice n° 7 • Ce que nous apprennent nos peurs

On a vu des gens capables de sauter des murs de deux mètres parce qu'ils étaient poursuivis, d'autres se métamorphoser pour conquérir un amour... Nos peurs sont potentiellement remplies d'énergies constructives. Voici comment utiliser ce côté positif de nos peurs, l'énergie avec laquelle elles se manifestent étant intéressante à transmuter !

*Faites bien, pas à pas, chaque étape de cet exercice en tentant de revivre les émotions procurées par ces souvenirs évoqués.*

**1.** Notez les noms de deux personnes qui, par le passé, vous ont fait du tort volontairement, et à côté de chacune d'elles le type de tort qu'elle vous a infligé :

_____      _____

                 _____

                 _____

                 _____

                 _____

                 _____

                 _____

_ _ _ _ _ _ _ _ _ _          _ _ _ _ _ _ _ _ _ _ _ _ _ _ _ _ _ _

_ _ _ _ _ _ _ _ _ _ _ _ _ _ _ _ _ _

_ _ _ _ _ _ _ _ _ _ _ _ _ _ _ _ _ _

_ _ _ _ _ _ _ _ _ _ _ _ _ _ _ _ _ _

_ _ _ _ _ _ _ _ _ _ _ _ _ _ _ _ _ _

_ _ _ _ _ _ _ _ _ _ _ _ _ _ _ _ _ _

_ _ _ _ _ _ _ _ _ _ _ _ _ _ _ _ _ _

**2.** Écrivez maintenant pour chacune d'elles comment elle a motivé sa volonté de vous nuire à l'époque :

_ _ _ _ _ _ _ _ _ _ _ _ _ _ _ _ _ _ _ _ _ _ _ _ _ _ _ _ _ _ _ _

_ _ _ _ _ _ _ _ _ _ _ _ _ _ _ _ _ _ _ _ _ _ _ _ _ _ _ _ _ _ _ _

_ _ _ _ _ _ _ _ _ _ _ _ _ _ _ _ _ _ _ _ _ _ _ _ _ _ _ _ _ _ _ _

**3.** À ce jour, comment ressentez-vous encore ces justifications ? Notez :

... s'il y avait du vrai ?

_ _ _ _ _ _ _ _ _ _ _ _ _ _ _ _ _ _ _ _ _ _ _ _ _ _ _ _ _ _ _ _

_ _ _ _ _ _ _ _ _ _ _ _ _ _ _ _ _ _ _ _ _ _ _ _ _ _ _ _ _ _ _ _

_ _ _ _ _ _ _ _ _ _ _ _ _ _ _ _ _ _ _ _ _ _ _ _ _ _ _ _ _ _ _ _

... si votre état de conscience de l'époque permettait qu'il y ait cette violence envers vous ?

_____

_____

_____

# 4. En retraçant le temps :

... qu'avez-vous appris de ces événements ?

_____

_____

_____

... quel est le côté positif aujourd'hui tiré de ces situations difficiles ?

_____

_____

_____

... comment avez-vous reconstruit votre personnalité ensuite ?

_____

_____

_____

... avez-vous pardonné, lâcher prise, êtes-vous passé tranquillement à autre chose ?

_____

_____

_____

**5.** Y a-t-il eu des éléments qui vous ont permis, par étapes, de vous redresser et lesquels ?

_____

_____

_____

## Commentaire

*Qu'on le veuille ou non, nos blessures nous aident à nous construire voire à nous dépasser. Nous possédons tous les capacités de nous redresser, et, même dans le ciel le plus noir, le soleil perce à un moment ou un autre. Notez bien que nous sommes tous les fruits de nos expériences, et qu'apprendre à construire à partir de nos traumas nous rend beaucoup plus résistants aux coups et surtout beaucoup plus en amour avec notre volonté d'aller mieux et de guérir. C'est là la leçon que nous apportent les peurs. Certains éléments extérieurs viendront vous aider inopinément, comme des guides au changement, dès que vous voudrez bouger, comme une loi de cause à effet : vous décidez d'avancer, une aide arrive… C'est parce que vous acceptez de grandir sur l'expérience de vos peurs que vous deviendrez un jour un élément déclencheur important afin d'aider un être à, lui aussi, se relever de ses épreuves.*

# Exercice n 8 • Peurs et antidotes

Identifier vos peurs et y apporter un antidote est de votre ressort. Dans un premier temps, cela permet d'enlever la charge émotionnelle négative liée à l'évocation de cette peur, mais cela développe aussi une manière d'être qui réduira sa portée nocive en vous.

✍ *Remplissez le tableau suivant.*

Notez, dans la colonne de gauche, vos petites peurs du quotidien, puis, dans la colonne de droite, écrivez une action ou une pensée qui aiderait à en diminuer la portée.

| Peurs | Antidotes |
|---|---|
| *Peur de se sentir étouffé dans les transports en commun* | *Changer de manière de circuler* |
| *Peur d'oublier les courses* | *Faire une liste dès le matin* |
| ... | ... |
| ... | ... |
| ... | ... |

## Commentaire

*Au quotidien, nous sommes pleins de petites peurs qui paraissent banales alors qu'elles génèrent un stress inconscient très important, stress qui va lui-même nourrir nos angoisses, bien présentes. Il est donc impératif de faire régulièrement ce tableau des peurs et de leurs antidotes afin de couper l'herbe sous le pied à des sentiments nocifs qui nous freinent en permanence et parasitent nos énergies !*

# Exercice n°9 • La zone de confort

Mettre noir sur blanc vos angoisses vous obligera à entamer un travail de changement. Bien détecter vos zones de confort vous aidera à les développer et à mieux les utiliser pour « rassurer » les angoisses qui vous empêchent d'évoluer vers les autres.

✐ *Remplissez le tableau suivant.*

Écrivez d'abord, dans la colonne de gauche, vos peurs existentielles ou même celles qui vous paraissent ridicules.
Écrivez dans la colonne du centre, en face de chaque reconnaissance de peur, les parties de vous-même où vous vous sentez en confort, et qui pourraient justement apaiser vos peurs personnelles.
Enfin, dans la colonne de droite, essayez d'indiquer des traits de caractère rassurants que vous voudriez cultiver chez vous (en fonction aussi des peurs pour lesquelles vous n'avez aucune réponse), et qui pourraient du coup aider à calmer totalement vos peurs.

| Vos peurs | Vos zones de confort | Vos traits de caractère à développer |
|---|---|---|
| *La peur d'être seul* | *M'entourer d'amis* | *Prendre le temps de m'apprécier* |
| *La peur de perdre mon job* | *Prendre confiance et exceller* | *Accepter le changement comme positif* |
| ... | ... | ... |
| ... | ... | ... |
| ... | ... | ... |

## Commentaire

*Développer une sécurité doit être fait avec l'objectif d'amplifier vos ressources personnelles, non pas pour opposer un mur à un sentiment profond qui vous questionne, vous fait mal. Cette sécurité élargie devient en fait un confort pour entamer un dialogue avec la raison de votre peur. Ainsi, vous n'allez pas renforcer la peur dans sa violence en faisant de votre sécurité un nouveau gendarme, mais au contraire allez progressivement et sans crainte sonder vos problèmes et disqualifier la peur en agissant !*

# Exercice n°10 • La marche de libération des peurs

Pour certains, seul le fait d'être en mouvement permet de sortir d'une crainte qui les envahit et les handicape. Voici comment agir pour contrer les effets d'une angoisse paralysante.

*Suivez la méthode suivante pas à pas. Vous pouvez agir en pleine rue, chez vous, dans la nature...*

**1.** Bien en place sur la voûte plantaire de vos deux pieds, vous allez commencer à avancer très lentement, afin de vous obliger à prendre conscience de tous vos gestes. Le pied droit se lève, ce qui entraîne la hanche droite à se mettre en mouvement, etc. Le but est d'être bien présent dans ce que vous faites à chaque articulation qui fonctionne, chaque avancée du corps...

**2.** Maintenant, en continuant un mouvement ralenti, vous allez fixer votre attention sur votre respiration. Si vous le pouvez, posez le dos de votre main droite dans la paume de votre main gauche et plaquez l'ensemble contre votre ventre (comme si vous portiez un bol). Inspirez doucement par le nez (si c'est possible) et soufflez lentement par la bouche.

**3.** Évoquez mentalement la crainte qui souvent vous déchire le ventre en apportant son lot d'anxiétés. Regardez-la simplement, sans rentrer dans la sensibilité qu'elle provoque. Pour cela, à chaque fois que vous allez inspirer, imaginez que de votre ventre s'en va en remontant le long du corps cette énergie que vous sentez impropre en vous. Et, à chaque expiration, imaginez que cette énergie sort de vous par la bouche et s'en va, disparaît au loin. Aidez-vous de la marche, en appuyant chaque pas sur le sol, pour expulser ces angoisses progressivement.

**4.** Accélérez progressivement votre pas, afin d'avoir l'impression, par votre cycle respiratoire, de brûler cette mauvaise énergie qui maintenant n'a plus d'action sur vous. Pensez bien : « J'expulse cette énergie et me libère de cette crainte. » Revenez ensuite à une marche normale, en prenant soin de bien respirer tranquillement.

## Commentaire

*Cet exercice appliqué par les moines zen est très efficace pour déloger les énergies de peur ou d'angoisse. Cela désamorce les paralysies mentales ou physiques et laisse le champ libre pour traiter ensuite le pourquoi de la peur. Renouvelez-le régulièrement, au moins quelques minutes tous les trois jours.*

# Exercice 11 • Culpabilité et réparation

S'il y a bien un frein, souvent caché, qui envenime certaines de vos relations, c'est celui de la culpabilité. D'ailleurs, combien de fois avez-vous tenté d'aider non pas par compassion mais pour vous déculpabiliser, ou même éviter de vous sentir coupable ou de déplaire ? Mettons tout cela au clair !

Faites la liste de tous les moments où vous vous êtes senti (à tort ou à raison !) coupable ou même honteux. Puis écrivez ce que vous accomplissez franchement plus pour vous déculpabiliser que par compassion. Enfin, mettez en rapport par des flèches les éléments, pour matérialiser que l'un a amené la création de l'autre.

*Exemple :*

*J'ai, par jalousie, toujours rabaissé mon frère.* ⇒ *Dès que je peux, je le mets en valeur.*

## Commentaire

*En mettant en rapport direct culpabilité et réparation, vous soulignez surtout le fait que vous cherchez à vous faire pardonner, ou pire à faire oublier ce que vous avez commis. Il est intéressant de voir aussi que, dans certains cas, un type de réparation est commun à plusieurs culpabilités : on répare donc sans s'adapter au cas ou à la personne, c'est dire notre manque d'éducation et de recul... Culpabilité, réparation, pardon peuvent vous aider à vous sentir mieux, mais s'il vous faut faire sauter vos freins, c'est surtout en apprenant à construire sincèrement à partir de ce que vous avez commis, car ce qui est fait ne peut être effacé ! Donc utiliser l'énergie de cette expérience pour vous obliger à grandir sera le plus beau cadeau que vous pourrez vous offrir. Et vous verrez, comme par enchantement, que le fait d'être libre vous apportera plus de considération que celui de vous culpabiliser.*

# Exercice n°12 • Déminer ses regrets

Des regrets de choses non vécues, de mots non dits à temps empoisonnent le présent et font craindre l'avenir. Il est important de déminer ce qui peut devenir, à long terme, une bombe à retardement.

Remplissez le tableau suivant.

Marquez, colonne de gauche, tous les regrets que vous pouvez encore ressentir, les non-accomplissements, les rêves que vous aviez et qui ne verront jamais le jour, etc.

Marquez, colonne du centre, en quoi aujourd'hui encore ils peuvent représenter une charge pour vous : mélancolie, chagrin…

Enfin, colonne de droite, indiquez comment vous allez prendre du temps pour faire le deuil sincèrement et avec cœur de ces événements.

| Vos regrets | Ce qu'ils vous font ressentir | Le deuil |
|---|---|---|
| Ne pas avoir dit que je l'aimais | Grande tristesse | Accepter que cette épreuve m'ait appris à mieux aimer |
| … | … | … |
| … | … | … |

## Commentaire

*Encore une fois, en mettant au jour ces énergies bloquées négativement dans notre passé et qui altèrent notre quotidien (surtout dans nos rapports humains), notre conscience dissipe la part qui nous assombrit parfois sans raison (déprime, mélancolie…). Ainsi, nous reprenons du tonus, et les solutions que nous apportons à ces événements font que nos rapports aux gens changent et s'améliorent. Ceci implique que nous rentrons plus en compassion avec nos propres souffrances, et le déminage s'effectue tranquillement... N'ayez pas peur de revenir régulièrement sur ce type d'exercice.*

# Exercice n°13 • Chasser les énergies négatives

Afin de vous aider, dans votre quotidien, à garder confiance en vous, surtout après avoir remué la vase de votre passé, voici un exercice tout simple qui vous permettra de vous régénérer physiquement. Cela vous aidera à vous détacher plus rapidement des humeurs désagréables qui appellent un « ménage interne » !

*Suivez pas à pas l'exercice en le faisant à votre rythme.*
*Répétez-le un minimum de sept fois.*

**1.** Mettez-vous debout, les bras levés et tendus sur chaque côté du corps (comme pour faire une croix avec les jambes), genoux très légèrement fléchis. Inspirez par le nez en pliant les bras vers vous mais en gardant les paumes de mains vers l'extérieur du corps. Puis soufflez en dépliant les bras le plus lentement possible, comme si vos deux paumes de mains voulaient repousser les deux murs d'un couloir.

**2.** Arrivé en fin d'expiration, marquez un très léger temps d'arrêt, et recommencez à inspirer par le nez en pliant de nouveaux vos deux bras vers chaque côté de votre corps.

*Cet exercice brûle les énergies de stress, de fatigue, et vous apporte détente et mieux-être. Il crée un sas pour passer d'une activité à une autre, ou clore un événement, avant d'en aborder un nouveau. Il peut enfin vous aider à trouver le sommeil, ou nettoyer votre mental quand vous avez à rencontrer quelqu'un dont vous savez que sa problématique le rend très nerveux...*

# Exercice n14 • En terminer avec son ancien scénario

Maintenant que vous avez fait la part des choses entre vos peurs, vos blocages, vos zones d'influence, vous allez résumer et synthétiser votre vie avant ces exercices, et prendre la décision de laisser tomber ce qui a freiné le développement de votre altruisme. C'est un engagement important pour votre avenir.

*Suivez ces étapes pour faire le point puis prendre des résolutions.*

**1.** Écrivez, par ordre chronologique, depuis votre naissance, le fil conducteur de votre vie, à travers les étapes qui vous paraissent importantes et qui vous ont influencé dans vos comportements ou choix (naissance, événements d'enfance, d'adolescence, etc.).

_ _ _ _ _ _ _ _ _ _ _ _ _ _ _ _ _ _ _ _ _ _ _ _ _ _ _ _ _ _ _ _ _

_ _ _ _ _ _ _ _ _ _ _ _ _ _ _ _ _ _ _ _ _ _ _ _ _ _ _ _ _ _ _ _ _

_ _ _ _ _ _ _ _ _ _ _ _ _ _ _ _ _ _ _ _ _ _ _ _ _ _ _ _ _ _ _ _ _

**2.** Écrivez ensuite la vie que vous désirez mener dans les prochaines années, en mettant noir sur blanc les engagements que vous décidez de prendre à ce jour, afin de faire évoluer votre conscience vers plus d'altruisme et de respect envers vous-même et les autres.

_____

_____

_____

**3.** Décrivez concrètement les moyens que vous décidez de mettre en place afin d'arriver à réaliser vos objectifs : changement de comportement, prise en compte du gommage des zones d'influence, éloignement des personnes qui vous empêchent d'évoluer...

_____

_____

_____

## Commentaire

*Ce n'est pas qu'un simple pense-bête que vous écrivez ici ; c'est une feuille de route que vous consulterez régulièrement, afin de vous recadrer si nécessaire.*

*L'altruisme se travaille au quotidien, vous modèle et vous apporte son lot de nouvelles rencontres, de manières de penser... donc un changement profond d'être mais aussi de devenir ! Aller à la rencontre de soi est un vrai voyage intérieur. Pensez donc à voyager léger mais toujours avec l'idée d'apprendre et de découvrir. La suite de ce livre va vous y aider.*

# 3
•

# Vrais et faux besoins : critères et apprentissage du bonheur

Nous sommes tous facilement émoustillés par des offres high-tech ou des promos de dernière minute sur des voyages, et l'attrait pour la communication n'a jamais été aussi fort : smartphones, tablettes, Internet, Facebook, Twitter, etc. À première vue nous devrions tous être d'excellents communicants, et parfaitement heureux et comblés par les multiples possibilités qu'offrent les crédits, les rencontres amoureuses par sites interposés, la découverte du monde en trekking dernier cri, le retour au végétarisme, etc. Et pourtant les thérapeutes font fortune, la solitude n'a jamais été aussi massive, les anxiolytiques aussi répandus... L'offre de bonheur correspond en fait plus à une demande virtuelle et illusoire de satisfaction que d'apprentissage de vie qui apporte sagesse et croissance sur le long terme mais aussi acceptation de son lot d'épreuves et d'endurance ! On propose un chemin de diamant, alors que celui qui vous enrichit est caillouteux et escarpé ! Alors quels sont vos vrais et faux besoins, vos critères réels de bonheur ? Ces exercices vont pas à pas vous permettre de mieux les définir, et d'ainsi comprendre aussi, chez celui que vous voudrez aider, sur quel schéma se sont construits ses référents d'épanouissement mais aussi ses propres réflexes de crocs-en-jambe !

# Exercice n°15 • Le besoin : impulsion ou nécessité ?

Êtes-vous de type « oiseau pie », impulsif qui s'empare de tout ce qui brille et qui veut tout tout de suite, ou plutôt de type homme sibérien, qui n'a besoin que de l'essentiel et qui prend du temps pour obtenir ce qu'il veut ? Voici comment mettre au jour vos envies et vos vrais besoins et comprendre comment fonctionne la notion de désir chez vous, ce désir qui révèle beaucoup de votre construction mentale au quotidien. Pour cela, droit au but, utilisons le désir d'acheter !

*Entourez au stylo votre réponse. Faites cela le plus spontanément possible.*

**1.** Posséder un objet nouveau vous suffit pour être heureux :　oui　non

**2.** Vous vous renseignez mille fois sur Internet pour faire un choix d'objet à acheter (forum, comparateur de prix...) :　oui　non

**3.** Vous êtes capable d'acheter un livre et de ne pas le lire :　oui　non

**4.** Acheter d'occasion ne vous gêne pas du moment que l'objet remplit sa mission :　oui　non

**5.** Vous devez voir, quitte à pouvoir le toucher réellement, un objet avant de l'acheter :　oui　non

**6.** Vous avez constaté que vous gâchez de la nourriture (en la jetant car elle est périmée, ou par simple humeur, car « plus envie ») :                    oui   non

**7.** Vous prenez plaisir à économiser afin de réaliser votre futur achat :                    oui   non

**8.** Savoir que vous pouvez acheter selon votre volonté vous satisfait déjà largement :                    oui   non

**9.** Une fois acheté, vous prenez le temps de décortiquer patiemment le mode d'emploi avant d'utiliser votre objet :   oui   non

## Commentaire

*Comptez votre nombre de oui et de non.*

**Plus de oui :**

*Tout ce qui brille vous attire, vous êtes donc dans la recherche de satisfaction immédiate plutôt que dans l'utilité de l'objet. La notion de valeur est faussée chez vous par le sentiment de toute-puissance de possession des choses. Attention, apporter de l'aide aux gens n'amène aucune satisfaction immédiate, et les personnes ne sont ni des objets ni des moyens de contentement personnel !*

**Plus de non :**

*Le raisonnement régit chacun de vos choix. « Avoir besoin » passe donc chez vous par un recul que vous jugez nécessaire avant d'entrer en action. Attention, dans l'altruisme, votre besoin personnel rentre peu en ligne de compte, vous êtes là pour ceux de l'autre, et, dans beaucoup de cas, il faut être capable de lâcher prise dans l'instant sans analyse de la situation !*

*Agir au bon moment s'apprend donc, en étant à la fois disponible et réactif, et surtout en faisant abstraction de ses propres envies ! Être libre du désir s'apprend pas à pas…*

# Exercice n°16 • Le besoin d'être heureux

Être heureux c'est quoi pour vous ? Des choses toutes simples, des choses inatteignables ? Il est temps de définir votre vision générale et personnelle du bonheur ! Cela passe aussi par la connaissance des mots « malheur », « égoïsme »... notions qui peuvent vous amener finalement à mieux apprécier le bonheur !

*Complétez chaque définition par un exemple person-nel, puis écrivez la possibilité de changement que cette situation pourrait développer chez vous si vous vouliez en faire un élément constructif et créatif dans la réalisation de votre bonheur.*

**1.** J'ai été égoïste quand j'ai _ _ _ _ _ _ _ _ _ _ mais finalement cela m'a amené à _ _ _ _ _ _ _ _ _ _.

**2.** J'ai été malheureux quand _ _ _ _ _ _ _ _ _ _ mais, d'un autre côté, cela a permis que _ _ _ _ _ _ _ _ _ _.

**3.** À un moment, cet instant de bonheur (citez un exemple) _ _ _ _ _ _ _ _ _ _ _ _ _ s'est enfui et j'ai compris que _ _ _ _ _ _ _ _ _ _.

**4.** Je n'ai pas voulu partager quand _ _ _ _ _ _ _ _ _ _ ; cela m'a conduit ensuite à cette réflexion : _ _ _ _ _ _ _ _ _ _.

**5.** Je suis resté insensible à cet événement : _ _ _ _ _ _ _ _ _ _, puis j'ai décidé d'utiliser ma réaction pour _ _ _ _ _ _ _ _ _ _.

**6.** Un jour en haut : _ _ _ _ _ _ _ _, un jour en bas : _ _ _ _ _ _ _ _ _
(citez un exemple de chaque), cela m'a fait prendre conscience que
_ _ _ _ _ _ _ _ _.

**7.** J'ai tout fait pour prolonger cet instant de bonheur : _ _ _ _ _ _ _ _ _
puis j'ai accepté que _ _ _ _ _ _ _ _ _.

**8.** Je pensais ce malheur, _ _ _ _ _ _ _ _ _ _, irréversible dans son inten-
sité, puis je me suis aperçu que _ _ _ _ _ _ _ _ _.

## Commentaire

*En fait, chaque aspect d'une personnalité possède ses côtés sombre
et lumineux. Comme le tao l'explique, une pointe de blanc suffit à
changer la profondeur du noir, et une pointe de noir suffit à changer
la personnalité du blanc. Cela exprime le cycle des changements
perpétuels : le bonheur vient souvent après des épreuves, mais, de
toute façon, il finira par se transmuter en une autre expérience tout
aussi profitable ! Le bonheur, ce n'est pas se sentir bien le plus longtemps possible ou au contraire le temps d'un éclair ; il faut accepter
qu'il se situe plutôt dans l'apprentissage de vie entre les hauts et les
bas de notre chemin. C'est ce chemin qui construit une notion de
plénitude sur le très long terme, car tout devient carburant à sa
réalisation. Beaucoup de demandes d'aide viennent du fait que la
personne n'accepte pas que les choses changent, qu'il faut lâcher
prise, que l'on ne possède pas l'instant présent, car il mute sans
cesse. Ce besoin de bonheur cache souvent une incompréhension de
sa propre personnalité.*

# Exercice n 17 • Besoin d'altruisme ou besoin de séduction ?

Sommes-nous totalement désintéressés quand nous offrons
notre présent ou acceptons-nous d'écouter les problèmes inter-
minables de nos proches ? N'y a-t-il jamais une demande de

reconnaissance derrière tous ces actes ? Vous allez maintenant pouvoir définir la différence entre altruisme et séduction !

Entourez la réponse qui vous correspond le plus, et surtout justifiez-la par écrit ensuite, pour mieux situer votre type de caractère.

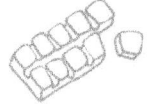

**1.** Êtes-vous capable d'offrir un cadeau, si cela doit du coup vous priver vous-même ?                    oui    non

---

---

---

**2.** Offrir votre aide pour aider quelqu'un se fait-il toujours sans réfléchir ?                    oui    non

---

---

---

**3.** Il ne reste qu'une part d'un gâteau que vous n'avez pas encore goûté ; êtes-vous prêt à la laisser à quelqu'un qui prend un plaisir extrême à le manger ?                    oui    non

---

---

---

**4.** Vous pensez sincèrement que la vraie séduction, c'est ne rien attendre en retour ?                oui   non

_____

_____

_____

**5.** L'altruisme, est-ce s'oublier à chaque fois que quelqu'un a besoin de nous ?                oui   non

_____

_____

_____

**6.** Donner sans recevoir immédiatement, est-ce gâcher son énergie et se vider de sa moelle ?                oui   non

_____

_____

_____

**7.** Vous imposez-vous une limite de temps et de résultat quand vous vous mettez en charge d'aider quelqu'un ?                oui   non

_____

_____

_____

**8.** Devez-vous retirer un minimum de satisfaction personnelle quand vous prenez du temps sur le vôtre à aider quelqu'un ?  oui   non

_____

_____

_____

## Commentaire

*Le piège de la séduction ne consiste pas à séduire l'autre mais à se séduire soi-même, à construire son rapport à l'autre dans le seul but de se sentir utile ou même indispensable ! Comme le dit le dicton : les cimetières sont pleins de gens indispensables !*

*Être altruiste, donc désintéressé, ne veut pas dire être sans senti-ment, mais plutôt faire intelligemment pour répondre de façon créa-tive à une situation. Vous n'êtes pas absent du rapport, vous êtes un acteur bénévole, qui n'attend pas un salaire en retour, mais seule-ment la satisfaction d'avoir apporté quelque chose qui se révélera constructif dans la problématique de l'autre !*

# Exercice n°18 • Le bonheur chez les autres !

Comment déterminez-vous si quelqu'un est heureux ou malheureux ? Son apparence, son comportement, sa manière de vous aborder ? Éclaircir cela est primordial pour affiner vos perceptions et ne pas transférer vos visions du bonheur sur les autres.

*Dressez le portrait-type de la personne heureuse en répondant à ces questions !*

**1.** Écrivez les critères qui, pour vous, révèlent une personne heureuse, par exemple sa manière de parler, son regard joyeux...

_____

_____

_____

**2.** Posez-vous maintenant la question : « Est-ce que tout ce comportement que je ressens parle de l'entièreté de la personne et de ses expériences, la résume totalement ? »

_____

_____

_____

**3.** Écrivez les critères qui, pour vous, révèlent une personne malheureuse, par exemple un regard triste, un comportement erratique...

_____

_____

_____

**4.** Posez-vous maintenant la question : « Est-ce que tout ce comportement que je ressens parle de l'entièreté de la personne et de ses expériences, la résume totalement ? »

_____

_____

_____

## Commentaire

*Le but ici est de tout simplement vous faire prendre conscience que vous n'êtes pas l'autre, que vous ne vivez pas ce qu'il vit ! Même si le comportement, la gestuelle, le timbre de voix révèlent beaucoup de la nature des gens, ce ne sont pas, loin s'en faut, des variables exactes, et heureusement. Heureux ou malheureux, qu'importe : encore une fois, par l'altruisme, vous apportez votre contribution quand vous sentez un appel émaner d'une situation ou de quelqu'un pour la faire évoluer, vous apportez l'information ou la solution et vous laissez faire… Il y a des gens qui semblent heureux qui sont en fait très malheureux, des gens malheureux mais qui ne veulent pas que leur situation change, etc. Donc le lâcher-prise est une notion très importante de l'altruisme : il s'agit de donner et de se retirer, pour permettre l'évolution.*

# Exercice n°19 • Apprendre à aimer

Aimez-vous les gens pour ce qu'ils sont, ou pour ce qu'ils vous apportent ou vous donnent ? Il est important de comprendre ce qui développe chez vous le sentiment d'amour. Encore une fois, il ne s'agit pas de vous aimer à travers l'histoire des autres !

*Listez les personnes que vous appréciez et cherchez à déterminer les raisons de cet amour !*

Indiquez, colonne de gauche, le nom d'une personne que vous aimez, aussi bien un parent qu'un ami ou amoureux, et les différentes qualités que vous lui trouvez, qui lui sont intrinsèques.
Colonne du centre, indiquez les qualités que cette personne met en œuvre plus précisément dans votre relation, ce qu'elle vous apporte, en général, au niveau moral, sur le plan amoureux, ou de moments paisibles, etc.

Colonne de droite, marquez directement si vous préférez ce que vous lui trouvez ou plutôt ce qu'elle vous apporte. Même si vous estimez que c'est un tout indissociable, faites l'effort de distinguer.

| Personne et qualités | Ce qu'elle m'apporte | Je préfère... |
|---|---|---|
| *Marjorie est à l'écoute, sensible, affectueuse* | *Douceur, calme* | *Je préfère ce qu'elle m'apporte* |
| … | … | … |
| … | … | … |

## Commentaire

*Pour certains, une majorité de réponses, colonne de droite, portera sur la préférence à ce que la personne apporte plutôt que sur ses qualités intrinsèques. Dans ce cas, attention à ne pas choisir vos relations en fonction de vos besoins ou pour combler vos vides !*

*Pour d'autres, la majorité portera sur les qualités propres à la personne. Attention à ce que ces qualités soient complémentaires des vôtres et non pas identiques, sinon c'est vous-même que vous allez aimer à travers autrui !*

*Le sentiment d'amour est très riche avec une personne chez qui vous percevez un équilibre entre ce qu'elle est et ce qu'elle donne. Cette complétude, il est vrai, s'apprend au travers des épreuves et des rencontres. Mais une fois compris, ce sentiment vous aidera à prendre chaque personne telle qu'elle est, et à bien mettre en place une réponse d'aide appropriée, non pas en fonction d'une réparation d'abord personnelle. Avec un amour sans transfert, avec un détachement juste, voilà comment vous pourrez aider et donner sans arrière-pensée.*

# Exercice n°20 • S'aimer et prendre du temps pour soi

Écouter ses véritables besoins implique déjà de les connaître ! Consacrer du temps à la connaissance de soi est rarement inclus dans l'éducation, car assimilé à de l'inaction ! Commencez dans ce premier exercice à ralentir votre rythme en acceptant le questionnement, et la signification de la réponse ! Ce sera une belle preuve d'amour personnel.

> Pour chaque ligne, cochez la définition la plus juste selon vous. Puis justifiez en quelques lignes par un exemple personnel.

Prendre du temps pour soi, c'est :

☐ Perdre du temps      ☐ Gagner du temps :

_____

_____

_____

☐ Être inactif      ☐ Entreprendre :

_____

_____

_____

☐ Cela vous fait peur      ☐ Cela vous rend plus fort :

_____

_____

_____

☐ C'est rentrer dans une solitude qui amène tristesse
☐ C'est rentrer dans un monde riche et varié :

_____

_____

_____

☐ C'est se couper des autres et du monde extérieur
☐ C'est aller ensuite enrichi de sa propre expérience vers les autres :

_____

_____

_____

☐ C'est se permettre d'éviter ses propres questionnements et partir en rêverie
☐ C'est s'obliger à se voir et s'écouter :

_____

_____

_____

## Commentaire

*Prendre du temps pour soi est une nécessité quotidienne ; c'est une manière de se centrer et de s'écouter concrètement, dans ses véritables demandes. En vous obligeant à écrire votre propre expérience de vie selon les exemples proposés, vous vous forcez à la réflexion, donc à aller au-delà de la simple impulsion. En relisant vos réponses,*

*vous allez percevoir que certains exemples révèlent des fuites incons-
cientes, que parfois vous préférez « zapper » plutôt que d'assumer
complètement. Prendre du temps pour soi est donc un acte de
respect de ses propres chemins d'expansion et surtout de compréhension du fonctionnement de son quotidien. Cela permet de fluidi-
fier ses événements de vie. Comment pourriez-vous apporter quoi
que ce soit à quelqu'un, si vous n'êtes pas impliqué dans votre propre
relation d'amour et d'attention avec vous-même ? Aimez-vous
d'abord et avant toute chose. Vos contributions au mieux-être des
autres seront beaucoup plus complètes et fécondes si vous êtes
d'abord à l'écoute de votre vie intérieure. Beaucoup de personnes
que vous aiderez seront des personnes qui depuis longtemps ne
savent plus prêter attention à leurs propres attentes !*

# Exercice n°21 • Se connaître pour connaître les autres

Beaucoup de nos référents sont basés sur des croyances ou des
observations, et non issus d'expériences personnelles. Faire la
liste de ce que vous avez précisément vécu va affiner votre
ressenti des douleurs et de ce qu'elles engendrent, mais aussi
vous permettre de mieux comprendre ce que peut vivre
quelqu'un d'autre qui souffre des mêmes symptômes.

*Écrivez, pour chaque thème proposé, une expérience
personnelle vécue. Si vous n'en avez pas, laissez la ligne
en blanc. Profitez ensuite des lignes restées libres pour
inscrire d'autres événements marquants de votre vie.*

La mort d'un proche : _____

_____

_____

Une peur qui vous a paralysé : _ _ _ _ _ _ _ _ _ _ _ _ _ _ _ _ _ _ _ _

_ _ _ _ _ _ _ _ _ _ _ _ _ _ _ _ _ _ _ _ _ _ _ _ _ _ _ _ _ _ _ _ _ _ _

_ _ _ _ _ _ _ _ _ _ _ _ _ _ _ _ _ _ _ _ _ _ _ _ _ _ _ _ _ _ _ _ _ _ _

Un état de colère monstrueux : _ _ _ _ _ _ _ _ _ _ _ _ _ _ _ _ _ _ _ _

_ _ _ _ _ _ _ _ _ _ _ _ _ _ _ _ _ _ _ _ _ _ _ _ _ _ _ _ _ _ _ _ _ _ _

_ _ _ _ _ _ _ _ _ _ _ _ _ _ _ _ _ _ _ _ _ _ _ _ _ _ _ _ _ _ _ _ _ _ _

Une séparation douloureuse : _ _ _ _ _ _ _ _ _ _ _ _ _ _ _ _ _ _ _ _ _

_ _ _ _ _ _ _ _ _ _ _ _ _ _ _ _ _ _ _ _ _ _ _ _ _ _ _ _ _ _ _ _ _ _ _

_ _ _ _ _ _ _ _ _ _ _ _ _ _ _ _ _ _ _ _ _ _ _ _ _ _ _ _ _ _ _ _ _ _ _

Une agression verbale ou physique : _ _ _ _ _ _ _ _ _ _ _ _ _ _ _ _ _ _

_ _ _ _ _ _ _ _ _ _ _ _ _ _ _ _ _ _ _ _ _ _ _ _ _ _ _ _ _ _ _ _ _ _ _

_ _ _ _ _ _ _ _ _ _ _ _ _ _ _ _ _ _ _ _ _ _ _ _ _ _ _ _ _ _ _ _ _ _ _

Le désœuvrement et la pauvreté : _ _ _ _ _ _ _ _ _ _ _ _ _ _ _ _ _ _ _

_ _ _ _ _ _ _ _ _ _ _ _ _ _ _ _ _ _ _ _ _ _ _ _ _ _ _ _ _ _ _ _ _ _ _

_ _ _ _ _ _ _ _ _ _ _ _ _ _ _ _ _ _ _ _ _ _ _ _ _ _ _ _ _ _ _ _ _ _ _

Un sentiment total d'abandon : _ _ _ _ _ _ _ _ _ _ _ _ _ _ _ _ _ _ _ _

_ _ _ _ _ _ _ _ _ _ _ _ _ _ _ _ _ _ _ _ _ _ _ _ _ _ _ _ _ _ _ _ _ _ _

_ _ _ _ _ _ _ _ _ _ _ _ _ _ _ _ _ _ _ _ _ _ _ _ _ _ _ _ _ _ _ _ _ _ _

L'impression de vivre en dehors de la réalité : _ _ _ _ _ _ _ _ _ _ _ _ _

_ _ _ _ _ _ _ _ _ _ _ _ _ _ _ _ _ _ _ _ _ _ _ _ _ _ _ _ _ _ _ _ _ _ _ _

_ _ _ _ _ _ _ _ _ _ _ _ _ _ _ _ _ _ _ _ _ _ _ _ _ _ _ _ _ _ _ _ _ _ _ _

Une tristesse infinie : _ _ _ _ _ _ _ _ _ _ _ _ _ _ _ _ _ _ _ _ _ _ _ _ _ _

_ _ _ _ _ _ _ _ _ _ _ _ _ _ _ _ _ _ _ _ _ _ _ _ _ _ _ _ _ _ _ _ _ _ _ _

_ _ _ _ _ _ _ _ _ _ _ _ _ _ _ _ _ _ _ _ _ _ _ _ _ _ _ _ _ _ _ _ _ _ _ _

Un déchaînement de violence physique : _ _ _ _ _ _ _ _ _ _ _ _ _ _ _ _

_ _ _ _ _ _ _ _ _ _ _ _ _ _ _ _ _ _ _ _ _ _ _ _ _ _ _ _ _ _ _ _ _ _ _ _

_ _ _ _ _ _ _ _ _ _ _ _ _ _ _ _ _ _ _ _ _ _ _ _ _ _ _ _ _ _ _ _ _ _ _ _

Autres : _ _ _ _ _ _ _ _ _ _ _ _ _ _ _ _ _ _ _ _ _ _ _ _ _ _ _ _ _ _ _ _

_ _ _ _ _ _ _ _ _ _ _ _ _ _ _ _ _ _ _ _ _ _ _ _ _ _ _ _ _ _ _ _ _ _ _ _

_ _ _ _ _ _ _ _ _ _ _ _ _ _ _ _ _ _ _ _ _ _ _ _ _ _ _ _ _ _ _ _ _ _ _ _

_ _ _ _ _ _ _ _ _ _ _ _ _ _ _ _ _ _ _ _ _ _ _ _ _ _ _ _ _ _ _ _ _ _ _ _

_ _ _ _ _ _ _ _ _ _ _ _ _ _ _ _ _ _ _ _ _ _ _ _ _ _ _ _ _ _ _ _ _ _ _ _

## Commentaire

*Parce que vous êtes vous-même passé par des états difficiles, vous rentrerez plus facilement en compréhension de ce que vivent les gens qui vous entourent. De fait, votre aide sera beaucoup plus constructive et adaptée. Dans les cas où vous n'aurez pas vécu* certaines expériences (celles que vous aurez laissées en blanc), il vous faudra vous documenter pour bien ressentir l'aide à apporter. Mais la première aide, qui que vous soyez, c'est déjà d'être disponible à vous-même. Cette simple disposition d'esprit permet à l'autre de se sentir sécurisé et accueilli par quelqu'un de clair, donc dans un premier temps de ne pas aller plus mal. Être disponible et ne pas juger représente déjà un sacré ballon d'oxygène pour celui qui étouffe dans sa problématique !

# 4
# ●

Développer
son potentiel d'énergie
pour mieux le partager

Pour tout acte d'altruisme, vous donnez un peu ou beaucoup de vous-même. L'objectif n'est pas de se retrouver en perte d'équilibre énergétique parce que la générosité que vous voulez enclencher implique de puiser dans vos réserves. Le secret du don et du partage juste provient aussi du fait que l'on utilise toujours la partie disponible en supplément ; par conséquent il n'est pas question d'entamer les fondations de votre édifice personnel, qu'il soit moral, émotionnel, physique... Comme tout un chacun, vous avez vos limites, et la sagesse est de l'accepter et de parfois savoir dire non. Ce chapitre va donc être consacré à votre réalisation énergétique, celle qui permet au quotidien que vos engagements soient harmonieux, que vous disposiez à volonté de vos réserves pour accompagner toutes vos démarches d'altruisme, sans en être affecté directement. Notez qu'avec un peu d'entraînement, tous ces exercices peuvent être exécutés à la suite les uns des autres. Mais prenez le temps de bien maîtriser chacun d'entre eux, vous avez là une séance complète de mieux-être respiratoire en mouvement !

# Exercice n° 22 • Disponible à vous-même grâce aux huiles essentielles

Apprendre à utiliser les huiles essentielles pour votre bien-être vous procurera tranquillité d'esprit et d'émotion.

*Munissez-vous d'huile essentielle d'épinette noire, d'estragon et de lavande. Une goutte à chaque fois suffit. Vous pouvez aussi diluer cette goutte dans un peu d'huile végétale si vous voulez mieux la répartir sur votre corps. Suivez scrupuleusement la méthode décrite.*

**1.** Posez une goutte d'épinette noire sur le creux de peau situé à la jointure du pouce et de l'index de chaque main. Fermez les deux poings. Inclinez votre buste (quitte à plier les genoux) afin que vos deux poings atteignent facilement la partie des glandes surrénales situées juste au-dessus de chaque rein. Tapotez doucement pendant une minute cette partie du corps, afin de stimuler les surrénales et de les dynamiser avec le contact de l'huile essentielle.

**2.** Redressez-vous et posez sur le bout rond de l'extrémité de l'index droit une goutte d'estragon. Une fois posée, massez tranquillement votre plexus solaire pendant quelques instants. Respirez tranquillement yeux fermés en faisant cela. Terminez en essuyant bien votre doigt.

**3.** Posez une goutte de lavande sur l'extrémité de vos deux index. Massez chaque tempe de manière circulaire, puis le centre du front dans le sens des aiguilles d'une montre. Prenez le temps de vous détendre en vous massant.

**4.** Terminez cette séance bien-être en prenant de larges inspirations, en ouvrant vos deux bras sur les côtés du corps en inspirant par le nez, et en les ramenant sur votre poitrine en soufflant par la bouche très tranquillement.

*L'épinette noire a la propriété de relancer les glandes surrénales donc l'énergie des reins. L'estragon travaille directement sur la sphère émotionnelle et apaise les tensions dues aux émotions. La lavande éclaire la pensée, détend le mental et harmonise vos humeurs. Vous avez donc ici une parfaite synergie pour être en équilibre sur tous les plans. Notez qu'il ne faut pas ingérer ces huiles, mais les appliquer simplement sur la peau et masser.*

# Exercice n°23 • L'état de détente et d'harmonie

Afin de pouvoir agir en toute sérénité, voici un exercice qui va développer en vous détente et harmonie.

Suivez pas à pas le déroulé de l'exercice. Surtout faites cela en fonction de votre rythme personnel, à votre vitesse, mais plusieurs fois par semaine pour le maîtriser et l'appliquer ensuite où bon vous semble.

1. Vous êtes assis au bord d'une chaise, le dos droit et les mains posées sur les genoux.

2. Vous commencez à inspirer par le nez en sortant le ventre volontaire-ment, puis vous continuez en sortant les poumons, et vous terminez l'inspiration en levant doucement les deux épaules. Si vous le pouvez, marquez une très légère apnée (sauf si vous êtes spasmophile) et soufflez par la bouche avec les lèvres pincées (pour ralentir le souffle). Faites ceci tout en enroulant votre dos, en penchant votre tête et en pliant votre buste vers l'avant. Si vous le pouvez, passez votre tête entre les jambes et assurez-vous de bien compri-mer tout le bas-ventre pour chasser tout l'air restant dans vos poumons.

**3.** Vous vous redressez en inspirant, et vous respirez quelques instants tranquillement pour profiter des bienfaits de ce cycle respiratoire. Puis faites de nouveau ce cycle. Vous pouvez le répéter jusqu'à sept fois lors des premières séances.

## Commentaire

*Ce type de respiration travaille directement à nettoyer toute la zone des intestins et de l'estomac, ainsi qu'à dynamiser les poumons. C'est donc un exercice de détente et de rééquilibrage énergétique. Il peut aussi s'appliquer dans les périodes de grand stress. Il vous aide directement à retrouver harmonie et disponibilité dans le présent.*

# Exercice n°24 • L'état de dynamisme et de vitalité

Produire de l'énergie quand vous en avez besoin est indispensable pour votre développement personnel.

*Suivez le déroulé de l'exercice, mais ne dépassez pas dans la partie respiration trois à cinq minutes de mise en pratique, il ne s'agit pas de vous surchauffer mentalement !*

**1.** Vous êtes debout, pieds légèrement écartés, genoux légèrement fléchis. Vous commencez par frotter vos deux paumes de mains l'une contre l'autre jusqu'à sentir une chaleur vive se constituer. Vous appliquez cette chaleur sur tout votre visage en massant légèrement les joues, les tempes, les mâchoires... N'hésitez pas à faire chauffer de nouveau vos deux paumes. Puis vous continuez en massant votre buste, et ensuite le devant et le derrière de vos deux jambes.

**2.** Si vous le désirez, fermez vos yeux afin de bien ressentir le travail respiratoire. Vos deux bras sont le long du corps, vous allez inspirer par le nez en pliant vos deux bras et en ramenant vos deux paumes pour les poser l'une sur l'autre au centre de votre poitrine. Si vous le pouvez, marquez une légère apnée respiratoire, et d'un seul coup relâchez tout votre souffle par la bouche (vous pouvez exprimer des mots ou des lettres). Durant cet exercice, balancez vos deux bras en avant, penchez votre buste vers l'avant et pliez légèrement les deux genoux ; ainsi, vous expulserez mieux tout l'air. Prenez quelques instants pour respirer tranquillement puis recommencez tout le cycle respiratoire, jusqu'à sept fois.

**3.** Terminez en reprenant un massage rapide du visage et des poumons avec vos paumes de mains chaudes.

## Commentaire

*Cet exercice est très efficace pour harmoniser votre circuit nerveux et surtout relancer les reins et toute l'énergie du dos, appelée* Kundalini. *La position du corps pendant l'exercice vous oblige aussi à être bien ancré dans votre bassin, prêt à recevoir, prêt à donner ! De manière préventive, c'est aussi idéal quand vous savez que vous allez avoir à faire face à une situation exigeante au niveau nerveux ou émotionnel !*

# Exercice n°25 • La colonne de lumière

Afin de vous préserver des stress ou projections de ceux qui vous entourent, donc de ne pas vous sentir en manque d'énergie parce que les autres « la pompent » chez vous, voici une méthode simple et très efficace si vous la répétez régulièrement. Vous préservez ainsi vos réserves personnelles et rien ne vous manque quand vous voulez vous ouvrir aux autres.

Pratiquez cela assis et suivez le fil conducteur. Après une bonne maîtrise, vous pourrez pratiquer même debout ou en marchant !

**1.** Fermez vos yeux. Imaginez qu'en respirant vous commencez à vous entourer d'un cône de lumière brillante.

**2.** Quand vous commencez à vous sentir plus détendu, imaginez qu'à chaque inspiration, l'énergie à l'intérieur de ce cône est de plus en plus dense et même qu'à chaque expiration vous amplifiez ce phénomène comme une braise que vous attisez. Faites cela le temps désiré, à votre rythme. Vous devez progressivement vous sentir ragaillardi.

**3.** Terminez en respirant amplement et en privilégiant une expiration plus longue que le temps de l'inspiration, puis repartez à vos occupations, en ayant en pensée que ce cône de lumière vous protège de toute énergie viciée ou impropre.

## Commentaire

*Cette idée est une pensée que vous créez volontairement et dans un but énergétique précis, vous protéger et garder vos réserves intactes ! Rappelez-vous que c'est votre cerveau qui selon les besoins du corps mais aussi les ordres que vous lui transmettez va fabriquer le processus d'immunité, aussi bien au niveau physiologique qu'au niveau psychologique. À faire donc régulièrement dans tous les moments de sensation de faiblesse.*

# Exercice n°26 • Une nouvelle énergie mentale

Voici un exercice de méditation à pratiquer régulièrement, je dirais surtout après avoir « écrémé » le livre de vos peurs basé sur des événements traumatisants. Il vous assurera une énergie mentale disponible en toutes circonstances, et surtout vous permettra de rester connecté avec la partie la plus constructive de vous-même.

**1.** Si possible assis, posez vos paumes de main sur chaque genou, gardez le dos droit mais non tendu. Posez le pouce de votre main droite sur la narine droite et bouchez-la. Inspirez donc par la narine gauche tranquillement.

**2.** En fin d'inspiration faites une légère apnée respiratoire (pas obligatoire), vous en profitez pour boucher la narine gauche avec votre index et libérer votre narine droite de votre pouce, vous soufflez donc par la narine droite ouverte.

**3.** En fin d'expiration, vous marquez un petit temps sans air dans les poumons (ce n'est pas obligatoire) et vous inspirez par la narine droite en gardant votre narine gauche fermée.

**4.** En fin d'inspiration, sur un léger temps d'apnée, vous bouchez la narine droite avec votre pouce, vous libérez la narine gauche de l'index et vous soufflez par la narine gauche, et vous inspirez de nouveau par la narine gauche avec la narine droite bouchée et ainsi de suite...

**5.** Faites cela à votre rythme et sans forcer en vous concentrant simplement sur le fait de ralentir le rythme cardiaque, de vous détendre, de vous clarifier l'esprit. Commencez par une minute. Vous allongerez les périodes avec le temps. Si vous êtes spasmophile, ne faites pas les apnées respiratoires.

## Commentaire

*Cette respiration détend, vous recentre sur le présent et surtout libère les tensions mentales. C'est donc idéal pour se sentir rafraîchi, éliminer les pensées perturbatrices. Pratiquée à n'importe quel moment de la journée, elle permet de revenir à l'essentiel et au présent, sans être distrait par autre chose que votre propre responsabilité de choix. C'est aussi une pratique excellente pour préparer l'endormissement.*

# 5

●

# Développer un pont émotionnel et mental entre soi et les autres

Une disponibilité à l'altruisme commence par l'acceptation que les autres soient complémentaires à soi-même. On ne dit pas ici différent, ou pareil, mais bien complémentaire ! Vous pouvez penser que vous n'avez besoin de personne, que vous n'apprenez rien des autres, ou au contraire avoir une boulimie d'échange, vous sentir indispensable ou être véritablement en manque. Les autres sont vos compléments. Parfois ils vous renforcent dans vos convictions, d'autres fois vous avez envie de vous opposer ou de fuir, mais en tout domaine, chaque personne côtoie des gens qui participent à sa progression, même modestement ! Il est donc indispensable de construire un pont mental entre vous et les autres, un chemin possible pour que chacun se rencontre et échange ! C'est cet état d'esprit qui vous permet ensuite de développer sans crainte votre part d'altruisme, de créer l'espace et la place pour que cela se concrétise. Ce chapitre va donc vous aider à créer ce pont de disponibilité.

# Exercice n° 27 • Un cerveau bien en phase avec le présent

Créatif ou raisonné ? Qu'importe ! Mettre en connexion à volonté les deux hémisphères de votre cerveau fait que vous avez accès facilement à toutes vos possibilités d'agir. Voici comment faire.

*Munissez-vous d'une feuille de papier et d'un crayon.*

**1.** Tracez un grand 8 à l'horizontale, comme le signe de l'infini, assez grand pour qu'il soit facile à visualiser.

**2.** Avec vos deux yeux, partez du centre du 8 horizontal (à l'intersection des deux boucles) et suivez du regard la boucle de droite dans la partie montante, faites bien le suivi du cercle qui descend, puis remontez pour arriver de nouveau au centre. Maintenant, sans vous arrêter, suivez la partie haute du trait de la boucle gauche du 8, puis suivez l'arrondi, et suivez le trait qui descend pour revenir à l'intersection des deux boucles.

**3.** Faites cela à votre vitesse, au moins trois fois dans un sens puis trois fois en suivant le trait du 8 complet dans l'autre sens.

## Commentaire

*Cet exercice très efficace reconnecte électriquement vos deux hémisphères, permet la détente complète des nerfs oculaires, et amène un relâchement de la tension mentale. Il vous remet en équilibre intérieure, calme et disponible. À signaler que cet exercice est très profitable quand l'image de l'ordinateur ou autre rayonnement venu d'un écran vous fatigue la vue !*

# Exercice n 28 • Le cœur ouvert

L'altruisme est aussi très bénéfique quand il est pratiqué « à cœur ouvert ». Voici comment développer les aptitudes du cœur grâce à la réflexologie, un massage qui utilise les zones réflexes du corps pour aller toucher et dynamiser les organes correspondants.

*Vous pouvez utiliser une huile végétale pour mieux agir sur vos points réflexes. Suivez les instructions et prenez le temps que vous désirez pour vous sentir bien et en paix.*

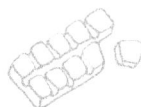

**1.** Avec la pulpe de votre majeur de la main droite, vous allez masser plusieurs points situés sur une ligne centrale qui passe au milieu de votre poitrine, entre les deux seins. Vous allez très vite sentir trois petits renfoncements naturels. Ce sont ces points qu'il vous faut masser en appuyant dessus puis en tournant sur place, comme pour les faire chauffer.

**2.** Ouvrez votre main gauche, paume vers le ciel. Puis avec le plat de votre pouce vous allez masser toute la ligne du poignet pour ensuite remonter à droite de la veine de votre avant-bras en appuyant et relâchant avec votre pouce, et en progressant vers le coude. Faites cela plusieurs fois, puis changez d'avant-bras et de ligne de poignet.

**3.** Terminez en frottant vos deux paumes de mains, une fois que vous sentez la chaleur se dégager des paumes, posez-en une sur votre plexus solaire et placez l'autre au centre de votre poitrine. Respirez quelques instants en ressentant la chaleur passer de vos paumes vers les zones du corps concernées.

## Commentaire

*Cet automassage va vous apporter joie et détente. Ainsi, vous ne vous laissez pas entraîner par des pensées de tristesse et vous ne rentrez pas dans l'énergie déprimante de ceux qui vous entourent !*

# Exercice n°29 • Construire une nouvelle peau

Vous projeter dans la peau de quelqu'un d'altruiste va déjà vous aider à mettre en place les fondations mentales de votre pont.

*Répondez à chaque question ci-dessous.*

Prenez le temps en **a)** de bien remplir chaque exemple demandé, en spécifiant aussi le comportement émotionnel, physique associé. Notez que, même contraires, les caractéristiques peuvent devenir complémentaires pour les besoins de la situation, ne vous privez donc de rien ! À chaque avancée de l'exercice en **b)** il vous est demandé de citer un exemple (et son application) cette fois avec un événement particulier que vous noterez aussi, par exemple : il vous faut oublier votre séance au cinéma pour aller prendre en charge le fils turbulent de votre voisin ; ou en tant qu'étudiant vous recevez par Internet des informations qui vont vous faire réaliser un bond de géant et vous décidez de ne pas être le seul à en profiter, vous partagez avec vos amis !

**1.** Caractérisez-vous en personne altruiste. Imaginez-vous debout face à quelqu'un, quel est votre comportement physique ? Tranquille, actif ? Décrivez votre comportement général.

**a)** _ _ _ _ _ _ _ _ _ _ _ _ _

**b)** Durant un événement qui demande de l'altruisme : _ _ _ _ _ _ _ _ _ _ _

**2.** Pour mieux incarner cet élan d'altruisme, y a-t-il un minimum de référent social : aisé, pas aisé ? Décrivez aussi votre look.

**a)** _ _ _ _ _ _ _ _ _ _ _ _ _

**b)** _ _ _ _ _ _ _ _ _ _ _ _ _

**3.** Dans votre manière de parler, êtes-vous volubile ou plutôt à mots comp-
tés ? Décrivez votre débit de parole.

a) _ _ _ _ _ _ _ _ _ _ _ _

b) _ _ _ _ _ _ _ _ _ _ _ _

**4.** Ressentez bien comment vous pourriez penser à ce moment-là, êtes-
vous hyper clair, dans une quiétude mentale, ou plutôt dans une pensée
ultra-dynamique ? Décrivez votre manière de penser.

a) _ _ _ _ _ _ _ _ _ _ _ _

b) _ _ _ _ _ _ _ _ _ _ _ _

**5.** Comment vous situez-vous face à votre interlocuteur, à l'écoute, rentre-
dedans, méditatif ? Décrivez votre rapport avec votre interlocuteur.

a) _ _ _ _ _ _ _ _ _ _ _ _

b) _ _ _ _ _ _ _ _ _ _ _ _

## Commentaire

*En décrivant votre comportement, vous définissez une ligne de
conduite qui pourra servir de socle et de fil conducteur quand vous
serez amené naturellement ou moins spontanément à faire preuve
d'altruisme. Toutes les bonnes volontés se forment progressivement
d'expérience en expérience et encore une fois comme il ne s'agit pas
de vous sacrifier (sinon très rapidement vous allez appeler ce pont
celui de l'injustice, et penser que « c'est toujours sur vous que ça
tombe » !) vous bâtissez un espace déjà codifié, dans lequel l'autre,
pas plus que l'événement, ne vous absorbera. Il est clair que si de
l'autre côté de votre pont votre interlocuteur ou l'événement
rencontre une personne dans le brouillard, tout va empirer ! Faites
régulièrement le point via cet exercice sur des expériences passées,
voyez ce qui colle ou ce qui cloche, et rectifiez.*

# Exercice 30 • Construire un mental en équilibre

C'est souvent parce que l'on traverse des hauts et des bas que l'on perd confiance et que l'on se sent en manque de sécurité et triste. Voici comment accepter consciemment de tracer une voie de réalisation, la voie du milieu.

*Prenez une feuille de papier et un crayon et suivez tranquillement le déroulé de l'exercice en vous investissant émotionnellement.*

**1.** À gauche de la feuille, inscrivez un terme qui signifie pour vous la difficulté, par exemple « la solitude ». En dessous de ce terme, gribouillez n'importe quoi qui résume ce sentiment, un ensemble de traits cassés, des points... À droite du dessin, marquez ce qui vous paraît le contraire de ce terme, par exemple « bien entouré ». Gribouillez en dessous avec des traits doux, des arrondis, des spirales montantes...

**2.** Au centre, entre ces deux termes, vous allez à chaque fois rejoindre l'un et l'autre mot par une spirale horizontale (comme un ressort horizontal) en continu de la droite vers la gauche et de la gauche vers la droite, tout en suivant votre progression du regard en même temps. Faites cela lentement, le temps que vous désirez. Laissez quelques instants votre esprit vous indiquer le terme qui pourrait naître de la rencontre entre ces deux faces de la même pièce, laissez venir. Par exemple entre « solitude » et « bien entouré » cela pourrait être « être disponible ». Être disponible à soi pour mieux se connaître, car la solitude résulte d'un sentiment de manque d'intérêt. Si vous vous jugez intéressant, vous devrez vous lancer dans un travail intérieur, la recherche d'une forme de culture qui vous fait défaut, etc. Être disponible aux autres découle du désir d'apprendre des autres, et pas du besoin d'être entouré pour oublier sa solitude !

*En définissant cette voie du milieu, vous allez construire un plan de travail intérieur de réalisation extrêmement ambitieux, puisque tout sera nourriture. Il est évident que quelqu'un qui est dans l'équilibre mental, qui accepte d'apprendre aussi bien à travers les moments difficiles que les moments agréables, développe un magnétisme qui attire et conduit à des situations requérant une certaine forme de sagesse et d'altruisme. Le pont mental est ainsi beaucoup plus facile à positionner et parcourir entre vous et les autres, ou entre l'événement et vous-même.*

# Exercice 31 • Construire le lâcher-prise

Accepter de se laisser aller à une situation, de s'abandonner à ce qu'il paraît juste de faire à cet instant et l'accomplir, c'est un véritable don de soi. Voici comment vous affirmer pour répondre présent au moment clé, sans que votre mental parasite votre action.

*Apprenez à être disponible à ce que vous faites.*

**1.** Vous allez écrire des phrases d'intention concernant votre altruisme, en commençant par celles qui paraissent les plus simples à mettre en place, jusqu'à celles qui vous paraissent contenir des objectifs trop élevés en ce moment. Prenez toujours des cas très simples issus de la vie courante.

*Par exemple :*
*Je décide ce jour de mettre en place la patience nécessaire afin d'être totalement disponible quand je m'occupe de mon enfant. Je prends l'engagement d'arrêter mes découvertes d'Internet dès que ma compagne a besoin de moi pour les tâches courantes... Je m'engage à m'investir dans des journées de formation où j'apprendrai à être beaucoup plus à l'écoute du besoin des autres.*

**2.** En fermant les yeux, en respirant tranquillement, visualisez-vous (ou ressentez la richesse de la scène) en train de vivre concrètement chaque affirmation écrite plus haut.

**3.** Terminez cet exercice en pratiquant la respiration ventrale (inspiration par le nez en sortant le ventre, et expiration par la bouche en le rentrant) pendant deux minutes. Chauffez vos deux paumes de mains en les frottant l'une contre l'autre et massez-vous le thorax avec la chaleur qui s'en dégage, comme pour vous remercier des bonnes décisions que vous venez de prendre.

## Commentaire

*Vous aimer vous-même est très important car plus vous vous autorisez à construire un mental ouvert au changement, plus vous développez votre amour-propre et la capacité de recevoir de l'amour ! C'est dans cette confiance, empli de la chaleur de votre cœur que vous pourrez totalement vous abandonner à ce qu'implique de faire l'instant présent ! Disponible, à même d'apporter un plus, en lâcher-prise et sans jugement, vous en tirerez une satisfaction immense, celle d'être en complétude ! Et dans ces instants, le mental reprend son rôle de simple outil de l'esprit, et vous laisse en paix totale pour agir dans l'altruisme !*

# 6.

## Apprendre les bases de l'altruisme

Maintenant que vous avez aménagé en vous une certaine disponibilité de cœur et d'esprit envers autrui, nous allons explorer ce qui vous a, jusqu'ici, empêché de lui venir en aide, et les raisons pratiques et théoriques qui vont désormais vous pousser à vous engager dans la voie de l'altruisme. Vos expériences passées, la manière dont vous percevez et définissez l'altruisme, tout cela modèle vos actions. Avant de mettre en œuvre une série d'exercices pratiques applicables à des situations données, développons les bases de cette faculté en vous.

# Exercice n°32 • Les peurs d'être altruiste

Pour beaucoup, surtout les jeunes de 17 à 25 ans, être altruiste est jugé comme un comportement naïf, fait « enfant de chœur » ou New Age. Pour des adultes, ce peut être perçu comme une perte de temps, signe de la candeur d'un enfant attardé... Par les employeurs, c'est ressenti comme un élément perturbateur, une immaturité non rentable... Et si le mépris de cette merveilleuse faculté cachait surtout d'autres peurs ? À vous de trancher !

*Tentez de dépasser vos peurs avec cet exercice...*

**1.** Faites la liste de ce qui vous fait peur dans le fait de devenir altruiste.

_ _ _ _ _ _ _ _ _ _ _ _ _ _ _ _ _ _ _ _ _ _ _ _ _ _ _ _ _ _ _

_ _ _ _ _ _ _ _ _ _ _ _ _ _ _ _ _ _ _ _ _ _ _ _ _ _ _ _ _ _ _

_ _ _ _ _ _ _ _ _ _ _ _ _ _ _ _ _ _ _ _ _ _ _ _ _ _ _ _ _ _ _

**2.** Ensuite, indiquez ce que cela vous apporterait de passer outre.

_ _ _ _ _ _ _ _ _ _ _ _ _ _ _ _ _ _ _ _ _ _ _ _ _ _ _ _ _ _ _

_ _ _ _ _ _ _ _ _ _ _ _ _ _ _ _ _ _ _ _ _ _ _ _ _ _ _ _ _ _ _

_ _ _ _ _ _ _ _ _ _ _ _ _ _ _ _ _ _ _ _ _ _ _ _ _ _ _ _ _ _ _

**3.** Enfin, faites une courte synthèse en élaborant une ligne de conduite viable, que vous vous engagez à suivre concernant l'altruisme.

\_ \_ \_ \_ \_ \_ \_ \_ \_ \_ \_ \_ \_ \_ \_ \_ \_ \_ \_ \_ \_ \_ \_ \_ \_ \_ \_ \_ \_

\_ \_ \_ \_ \_ \_ \_ \_ \_ \_ \_ \_ \_ \_ \_ \_ \_ \_ \_ \_ \_ \_ \_ \_ \_ \_ \_ \_ \_

\_ \_ \_ \_ \_ \_ \_ \_ \_ \_ \_ \_ \_ \_ \_ \_ \_ \_ \_ \_ \_ \_ \_ \_ \_ \_ \_ \_ \_

## Commentaire

*L'éducation instille toujours la peur d'être jugé selon des critères de bien ou de mal, ou de ce qui « se fait » ou non. Inconsciemment, nous agissons beaucoup en fonction de ces référents. Le grand avantage de l'altruisme, c'est qu'il transcende tout ce que l'on peut penser de vos actions, même si elles ne sont pas toujours facilement compréhensibles par les autres. Croyez-moi : ce que vous emporterez en quittant cette terre, ce sera la valeur de vos actes et non vos possessions matérielles ou morales, basées sur des schémas limitatifs ! S'éduquer n'a pas d'âge ni de limite, et votre liberté, c'est vous qui la décrétez. L'altruisme est un de ses premiers alliés !*

# Exercice n° 33 • L'altruisme dans la famille

Il est intéressant de savoir si vous percevez les personnes de votre famille comme généreuses et altruistes, s'il existe une filiation. Cela vous aidera aussi à mieux définir ce que vous-même appelez altruisme.

*Colonne de gauche, notez le prénom de chaque personne de votre famille ou d'amis très proches, et, colonne centrale, les termes qui pour vous résument ses qualités d'altruisme (« générosité », « donne sans compter », « est capable de s'oublier pour l'autre »...). Colonne de droite, notez un exemple concret, qui résume bien ce que vous appelez altruisme.*

| Personne | Qualités | Exemple |
|---|---|---|
| Julien | Très généreux | M'a apporté un soutien sans faille |
| | | |
| | | |
| | | |

## Commentaire

*Plusieurs faits vont vous paraître notables : d'abord, que vos proches ne sont pas forcément des géants de l'altruisme ; ensuite, que la vraie générosité ne va pas forcément se manifester sous la forme d'un élan pur mais plutôt sous le signe de la responsabilité, comme le montre une mère qui joue son rôle au quotidien ou un oncle qui est au quotidien présent sympathiquement mais ne s'engage pas plus. Il se peut que vous remarquiez aussi que cet altruisme ne se manifeste qu'à certains moments de l'année (fêtes et anniversaires) ou selon des types d'événements (soutien dans un moment difficile). C'est pour cela qu'il faut bien éclairer la signification de ce terme : l'altruisme n'équivaut pas à se sacrifier ou à sacrifier des moments intimes, mais à proposer un accueil et un accompagnement de qualité, sans abandon de soi. C'est parce que vous êtes affranchi du besoin de donner à tout prix que vous restez entier et apte à transmettre un sentiment d'amour, libéré de l'attachement, et donc libre de mettre en place des actes concrets et pratiques d'altruisme.*

# Exercice n.34 • Ce que l'on a donné suffit-il ?

Vous êtes-vous déjà sincèrement posé la question : « Qu'ai-je déjà réalisé de désintéressé pour les autres ? » En fait, depuis quand êtes-vous « absent » de l'aide et de la générosité ? Y a-t-il eu des événements qui vous ont privé du parfum de la fleur de l'altruisme ? Il est temps de regarder de plus près...

*Écrivez en toute sincérité sur les périodes de votre vie, afin de méditer sur les sens cachés des événements décrits.*

**1.** Réalisez un tableau et inscrivez, colonne de gauche, des événements lors desquels vous vous êtes interdit ou vu interdire d'exprimer votre altruisme. Colonne centrale, indiquez les motifs, comme, par exemple, peur de déplaire, de mal faire ou d'autres raisons... Colonne de droite, marquez une pensée remède, qui vous permet de positiver cet événement afin d'en détacher la racine encore en vous.

| Événements | Motifs | Pensée remède |
|---|---|---|
|  |  |  |
|  |  |  |
|  |  |  |

**2.** Faites un second tableau et inscrivez d'abord un par un, dans la colonne de gauche, vos actes passés qui vous paraissent relever de l'altruisme. En face de chacun, inscrivez, en colonne centrale, comment vous pourriez aujourd'hui améliorer cet acte avec ce que vous avez appris depuis. En colonne de droite, notez enfin ce qui résumerait le mieux cet aspect de l'altruisme : générosité désintéressée, abandon de soi pour l'autre, compassion et aide, partage, anticipation pour aider au bonheur de l'autre... ?

| Acte passé | Si c'était à refaire | Motivation dominante |
|---|---|---|
|  |  |  |
|  |  |  |
|  |  |  |

## Commentaire

*Cet exercice très simple met en lumière tous vos élans brisés, ce qui vous a obligé à vous protéger du monde extérieur. Vous avez comme beaucoup volontairement bridé et limité votre générosité naturelle, afin qu'elle ne vous soit pas renvoyée en pleine face comme si faire le bien ne payait pas ! Pour beaucoup de gens une sensation d'étouffement résulte du manque d'expression de leur vraie générosité. Cela amène certains à se cacher derrière l'apparence d'une personne insensible, ou au contraire extrêmement fragile, ou alors à rechercher la protection à tout prix, le cocooning spirituel, pour apaiser leurs douleurs... La leçon de l'altruisme est qu'il n'a rien à voir avec le bien et le mal, mais qu'il est un chemin vers votre cœur véritable, celui qui aime se partager afin de croître.*

*Vous pouvez, dans la partie 2 de cet exercice, vous apercevoir qu'il y a des termes proposés dans la consigne que vous n'avez pas utilisés... Cela n'indique pas un défaut de votre part, mais plutôt une « couleur » qui ne demande qu'à se révéler en vous ; étudiez donc ces termes. Et puis, si vous en avez trouvé d'autres, c'est bon signe : votre spectre d'altruisme est déjà très large, il vous suffira de le renforcer, progressivement, par vos expériences de vie !*

# Exercice n° 35 • Pourquoi partager avec les autres ?

Spontanément, vous pouvez ressentir l'envie d'apporter de l'aide, de laisser votre place, de partager vos connaissances... Mais en fait, qu'est-ce qui vous pousse réellement à l'altruisme ?

**1.** Partager des envies, est-ce vouloir mieux connaître les autres ? _ _ _ _

_ _ _ _ _ _ _ _ _ _ _ _ _ _ _ _ _ _ _ _ _ _ _ _ _ _ _ _ _ _ _ _ _ _

_ _ _ _ _ _ _ _ _ _ _ _ _ _ _ _ _ _ _ _ _ _ _ _ _ _ _ _ _ _ _ _ _ _

_ _ _ _ _ _ _ _ _ _ _ _ _ _ _ _ _ _ _ _ _ _ _ _ _ _ _ _ _ _ _ _ _ _

**2.** Aider, est-ce donner attention et respect aux gens ? _ _ _ _ _ _ _ _

_ _ _ _ _ _ _ _ _ _ _ _ _ _ _ _ _ _ _ _ _ _ _ _ _ _ _ _ _ _ _ _ _ _

_ _ _ _ _ _ _ _ _ _ _ _ _ _ _ _ _ _ _ _ _ _ _ _ _ _ _ _ _ _ _ _ _ _

_ _ _ _ _ _ _ _ _ _ _ _ _ _ _ _ _ _ _ _ _ _ _ _ _ _ _ _ _ _ _ _ _ _

**3.** Est-ce que l'altruisme empêche de se sentir seul ? _ _ _ _ _ _ _ _ _

_ _ _ _ _ _ _ _ _ _ _ _ _ _ _ _ _ _ _ _ _ _ _ _ _ _ _ _ _ _ _ _ _ _

_ _ _ _ _ _ _ _ _ _ _ _ _ _ _ _ _ _ _ _ _ _ _ _ _ _ _ _ _ _ _ _ _ _

_ _ _ _ _ _ _ _ _ _ _ _ _ _ _ _ _ _ _ _ _ _ _ _ _ _ _ _ _ _ _ _ _ _

**4.** S'oublier soi-même pour s'intéresser d'abord aux autres, est-ce faire preuve d'amour ? _ _ _ _ _ _ _ _ _ _ _ _ _ _ _ _ _ _ _ _ _ _ _ _ _ _

_ _ _ _ _ _ _ _ _ _ _ _ _ _ _ _ _ _ _ _ _ _ _ _ _ _ _ _ _ _ _ _ _ _

**5.** Partager ses connaissances, est-ce faire preuve d'altruisme ? _ _ _ _ _

_____

_____

_____

**6.** Est-ce que l'envie d'aimer les gens résulte de l'envie d'être aimé par eux ? _ _ _ _ _ _ _ _ _ _ _ _ _ _ _ _ _ _ _ _ _ _ _ _ _ _ _ _ _

_____

_____

_____

**7.** Est-ce que l'altruisme est une loi indispensable pour que l'humanité progresse ? _ _ _ _ _ _ _ _ _ _ _ _ _ _ _ _ _ _ _ _ _ _ _ _ _ _ _

_____

_____

_____

**8.** Les gens qui ne pratiquent pas l'altruisme sont-ils engagés sur un mauvais chemin ? _ _ _ _ _ _ _ _ _ _ _ _ _ _ _ _ _ _ _ _ _ _ _ _ _ _

_____

_____

_____

**9.** Est-ce que l'altruisme a à voir avec la religion en général ? _ _ _ _ _ _

_____

_____

_____

**10.** Avez-vous un proche qui n'est en rien dans le partage ou l'aide spontanée ? _ _ _ _ _ _ _ _ _ _ _ _ _ _ _ _ _ _ _ _ _ _ _ _ _ _ _ _

_____

_____

_____

## Commentaire

### Une majorité de oui :

*Gardez-vous de situer l'altruisme à un niveau hautement spirituel, celui d'une réalisation personnelle qui remporterait les lauriers d'une victoire de la conscience sur la matière !*

### Une majorité de non :

*Méfiez-vous toujours de penser qu'un acte est bon ou mauvais. Bien et mal sont deux faces de la même pièce nommée l'expérience de vie ! Ce sera en fait la valeur de la pièce qui importera quand vous ferez vos comptes personnels !*

*Votre motivation doit être désintéressée mais surtout vous permettre de mieux vous connaître. Vous rencontrerez des gens qui demanderont à partager avec vous mais ne feront rien de constructif de ce que vous leur donnerez. D'autres auront besoin de votre présence en permanence, mais ne construiront rien avec ce que vous leur apporterez. Donc c'est parce que vous aurez des déceptions que petit à petit vous renoncerez à attendre de vos actes d'altruisme. Chaque être qui reçoit est libre de décider de ce qu'il fera, et cela, ça ne vous regarde pas ! Vous apportez, vous donnez, et vous lâchez prise…*

# Exercice n°36 • Construire la capacité de donner et de recevoir

« On ne reçoit que ce que l'on a donné » : cette phrase doit résonner en vous. Mais qu'aimeriez-vous donner et qu'aimeriez-vous recevoir ? Nous sommes tous influencés par ce rapport entre l'offre et la demande et les gens que nous côtoyons le décèlent parfois très rapidement. Vous devez connaître ces informations afin que des personnes ou même des événements viennent enfin vers vous. C'est ce type de prise de conscience qui vous fait gagner en envie de partager pour mieux avancer.

*Prenez le temps d'écrire chaque envie dans la colonne correspondante. Tracez des flèches ensuite entre les termes des deux colonnes qui se complètent ou se ressemblent.*

| Qu'aimeriez-vous donner de vous-même ? | Qu'aimeriez-vous que l'on vous donne ? |
|---|---|
| De l'affection | De l'attention |
| De l'écoute | Du temps |
| | |
| | |

## Commentaire

**Vous avez une majorité de termes similaires ou de sens proches dans les deux colonnes :**

*Dans beaucoup de cas, vous aimeriez recevoir ce que vous donnez ou donner ce que vous aimez recevoir. Vous mettez en valeur vos manques, vous mettez en avant vos préférences de réception ! Or manques et préférences n'ont rien à voir dans le développement de l'altruisme. Par contre, mettre en lumière les deux vous permet de travailler dessus en tant qu'objectif personnel, et laisse de la place à l'abandon dans la situation, celle qui requiert que vous soyez juste, et non pas en recherche de quelque chose. C'est comme cela que des situations nouvelles peuvent voir le jour.*

**Vous avez une majorité de termes qui ne concordent pas dans les deux colonnes :**

*C'est parfait ! L'altruisme vous oblige à faire acte de générosité désintéressée et laisse quand même de la place pour un travail personnel. Avec le temps, vous verrez que votre façon d'être fera que vous n'aurez pas besoin de certaines rencontres, de vivre certains événements ; quelque part, vous en serez déjà informé. Vous allez attirer ou repousser les choses selon les besoins de votre expansion de conscience : c'est là que l'altruisme devient une importante carte d'avancée intérieure. Autrement dit, c'est votre état d'esprit qui créera les situations nécessaires à votre évolution.*

# Exercice n°37 • Renouveler sa définition de l'altruisme

Cet exercice va développer votre réflexion sur les notions d'égoïsme, de désir, de partage... Cela vous aidera à discerner s'il reste encore des projections sur ce que représente à vos yeux le concept d'altruisme.

*Voici plusieurs définitions. Complétez–les en énumérant toutes les facettes qui vous paraissent le mieux représenter ces idées. N'hésitez pas à compléter avec des exemples vécus ou vus autour de vous.*

**1.** Être égoïste, c'est ne pas vouloir partager mais c'est aussi...

_ _ _ _ _ _ _ _ _ _ _ _ _ _ _ _ _ _ _ _ _ _ _ _ _ _ _ _ _ _

_ _ _ _ _ _ _ _ _ _ _ _ _ _ _ _ _ _ _ _ _ _ _ _ _ _ _ _ _ _

_ _ _ _ _ _ _ _ _ _ _ _ _ _ _ _ _ _ _ _ _ _ _ _ _ _ _ _ _ _

Exemple : _ _ _ _ _ _ _ _ _ _ _ _ _ _ _ _ _ _ _ _ _ _ _ _ _ _

_ _ _ _ _ _ _ _ _ _ _ _ _ _ _ _ _ _ _ _ _ _ _ _ _ _ _ _ _ _

_ _ _ _ _ _ _ _ _ _ _ _ _ _ _ _ _ _ _ _ _ _ _ _ _ _ _ _ _ _

**2.** Prendre du temps pour les autres, c'est en fait prendre du temps aussi pour soi mais c'est aussi...

_ _ _ _ _ _ _ _ _ _ _ _ _ _ _ _ _ _ _ _ _ _ _ _ _ _ _ _ _ _

_____

_____

Exemple : _____

_____

_____

**3.** Être dans le désir permanent, c'est ne pas arriver à satisfaire ses propres demandes mais c'est aussi...

_____

_____

_____

Exemple : _____

_____

_____

**4.** Vouloir partager, c'est répartir à parts égales mais c'est aussi...

_____

_____

_____

Exemple : _____

_____

_____

**5.** Être disponible, c'est d'abord pour soi-même mais c'est aussi...

_____

_____

_____

Exemple : _____

_____

_____

**6.** Se sacrifier pour les autres, c'est passer après eux mais c'est aussi...

_____

_____

_____

Exemple : _____

_____

_____

**7.** Diffuser des informations intéressantes, c'est donner généreusement mais c'est aussi...

_____

_____

_____

Exemple : _____

_____

_____

## Commentaire

_Ce qui souvent, à long terme, nuit au bon déroulement de vos idées, c'est la lassitude et le fait de ne pas récolter tout de suite les fruits de vos actions, car souvent ceux-ci ne sont pas visibles à court terme. C'est pour cela que l'idée de « fraîcheur » est importante. Remettre au quotidien son travail sur l'établi est la première règle de conduite à suivre. L'altruisme est une graine qui ne prend pas forcément dans la saison attendue, en vous ou lorsque vous l'appliquez. Mettre à jour régulièrement ses représentations mentales concernant cette notion est indispensable pour ne pas se décourager. Je vous conseillerai de faire régulièrement cet exercice : vous serez surpris de voir qu'à chaque fois vous trouverez d'autres idées ou exemples qui mettront en valeur ces définitions._

# 7.

## L'altruisme dans les relations interpersonnelles

Il existe des manières de développer l'altruisme qui sont extrêmement précises, car elles font appel à toute une palette de facultés telles que la générosité, le partage volontaire, etc. On peut citer l'organisation qui vous laisse du temps pour développer cette faculté, le système pyramidal mental que vous allez découvrir ici et qui vous obligera à essaimer des graines, qui feront encore d'autres graines d'altruisme, etc. Ensuite il faut faire confiance à l'être humain ! Puisque nous utilisons au mieux 10 % de notre cerveau, imaginez ce que l'on pourrait apporter comme changement sur cette terre si on développait en priorité l'altruisme. Voici des pistes très concrètes de développement personnel *et* communautaire qui sont déjà appliquées dans certains pays ou régions, et d'autres que seules des confréries mettent en avant pour consolider leur foi en un homme universel et aimant ! C'est à vous de jouer !

# Exercice n°38 • Une pensée pyramidale qui développe l'altruisme

Même si vous êtes très occupé, que vous avez des décisions lourdes à prendre, rien ne vous empêche de garder en réserve un moteur de réflexions basées sur l'altruisme. Voici comment faire pour intégrer à vos décisions ce type de recul qui préserve des jugements hâtifs, des choix fondés uniquement sur une vision manichéenne ou sur le besoin de toute-puissance.

> Prenez une feuille de papier blanc. Dessinez-y une pyramide. Inscrivez-y tout en haut le mot « altruisme ». Vous allez ensuite y placer un choix de mots proposés ci-dessous, liés à l'altruisme, son expression, ses contextes et les lieux où vous pouvez l'appliquer au quotidien.

La seule contrainte sera de relier par des flèches les termes qui vous sembleront être complémentaires ou découler naturellement l'un de l'autre. Cela peut être autant du haut vers le bas que du bas vers le haut ou sur les côtés ! À vous aussi de rajouter des termes que vous jugez indispensables.

Proposition de pyramide :

Haut de la pyramide

Altruisme

Base de la pyramide

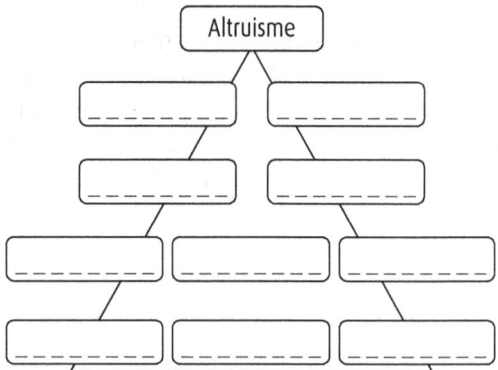

Générosité       Attention       Partage       Don de soi
Compassion       Écoute attentive

Famille       Amis       Vous-même       Collègue       Personne non habituelle
(Vous pouvez bien sûr nommer ces personnes)

À la maison       Au bureau       Chez des amis       Dans la rue
Dans le cadre des loisirs

Avec Untel (citez)       À tel moment de la journée (citez)
De telle manière (citez)       Avec l'idée d'amener la situation à (citez)

Développement personnel       Satisfaction d'être à sa vraie place
Être en accord avec soi-même       Être moteur d'une évolution des événements

## Commentaire

*En transcrivant comment votre pensée influence votre comporte-
ment et donc agit sur de nombreux rouages de votre environnement
quotidien, vous prenez aussi conscience de votre implication possible
dans tous les événements qui vous touchent, même s'ils ne sont pas
perceptibles de prime abord ou très lents à porter leurs fruits. Nous
sommes tous une possible pyramide d'énergie, à condition d'agir
conformément au développement de la pensée, de l'attitude et de
l'action. Nous sommes donc aussi créateurs de notre quotidien, des
rapports avec les gens, et des événements qui en découlent.*

# Exercice n°39 • Construire un planning dédié à l'altruisme

Prendre du temps pour aller vers les autres s'organise et se vit
très facilement après transcription noir sur blanc. Bien sûr, il
faut persévérer, mais le temps encore une fois joue en votre
faveur si vous le désirez vraiment !

**1.** Citez sincèrement, dans votre quotidien, une action totalement désinté-ressée que vous accomplissez déjà (on ne parle pas des obligations, du genre desservir, changer les couches, etc.).

_____

_____

_____

**2.** Prenez la décision, en l'inscrivant noir sur blanc, que désormais tous les jours vous chercherez, d'abord en le programmant, à réaliser un acte d'altruisme, complètement désintéressé. Écrivez un exemple possible.

_____

_____

_____

**3.** Citez un moment dans la journée où vous vous préoccupez volontaire-ment de savoir si une personne de votre entourage (parmi la famille, les amis, les collègues) va bien ou pourrait avoir besoin d'aide.

_____

_____

_____

**4.** Prenez la décision, en l'inscrivant noir sur blanc, que désormais tous les jours vous chercherez à vous préoccuper de l'un de vos proches et à lui apporter de l'aide si nécessaire. Écrivez un exemple possible.

_____

_____

_____

**5.** Notez sincèrement, dans votre quotidien, si, dans un petit moment de bonheur, il vous vient l'idée de le partager ou non.

_____

_____

_____

**6.** Prenez la décision, en l'inscrivant noir sur blanc, que désormais tous les jours vous chercherez à partager votre joie ou bonheur avec l'un de vos proches. Donnez un exemple.

_____

_____

_____

**7.** Continuez avec vos propres idées ; en voici déjà d'autres : partager des infos importantes plutôt que de les retenir ; penser positivement à quelqu'un de difficile à vivre pour vous, ou qui va mal, puis le lui dire ; vous sacrifier dans un moment qui s'annonce très agréable pour prendre la décision de rendre service, etc.

_____

---------------------------------------

---------------------------------------

## Commentaire

*Bien sûr, tout faire dans la même journée sera difficile, mais accomplir un peu chaque jour vous fera sentir plus léger et plus proche de votre entourage, et vous permettra aussi de recevoir plus d'attention et de gentillesse au quotidien ! Et puis, surtout, vous allez beaucoup plus vous ouvrir à vous-même et au processus du monde. Donc des peurs et des craintes vont s'évanouir, votre construction d'esprit sera plus autonome et liée à la compréhension et au partage de qui vous êtes et de qui sont les autres. Intérieur et extérieur de votre vie vont fusionner ; quelle richesse et quel sentiment de paix ! Encore une fois, tout le monde est bénéficiaire à travers cette dynamique !*

# Exercice n 40 • L'altruisme et l'acte préventif

Il est évident que vous pouvez facilement agir quand vous êtes clairement dans l'écoute des besoins de ceux qui vous entourent. Voici comment prévoir une trousse de petits actes qui peuvent arranger ou débloquer bien des situations. La prévention positive est aussi une notion importante de l'altruisme.

*Écrivez, colonne de gauche, pour chaque personne que vous choisirez, l'acte préventif que vous pourriez mettre en place. Ensuite indiquez clairement, colonne de droite, ce que cela pourrait apporter à la personne ou à l'événement qui la touche.*

ASPIRINE

| Personne et acte préventif | Effets et résultats |
|---|---|
| *Jennifer. Lui réserver du temps et de l'attention.* | *Moins de stress pour le passage du bac. Plus concentrée.* |
| *Ma grand-mère. Prévoir de l'inviter à Noël.* | *Moins angoissée. Plus joyeuse.* |
| | |
| | |
| | |
| | |

## Commentaire

*Cet exercice vous oblige à construire une réflexion basée sur un altruisme de prévention envers les proches. On ne parle pas de « bonnes actions » mais d'engagements, donc de responsabilités personnelles qui, si elles ne sont pas prises, auront aussi des conséquences sur les personnes concernées, et donc sur vous ! Ce sont des petits actes qui amènent des grandes conséquences, ne serait-ce que celle de vous rendre plus responsable et d'assumer votre rôle dans la bonne évolution des événements vécus ou à vivre avec vos proches. Altruisme = sens des responsabilités !*

# Exercice n°41 • L'altruisme dans les petits détails quotidiens

Voici une liste d'actes d'altruisme que vous n'aurez peut-être pas remarqués autour de vous, car vous passez probablement à côté de votre paysage familier dont beaucoup d'éléments vous échappent. Vous apprendrez ici à actualiser votre connaissance de votre entourage.

*Réfléchissez au sens de la question posée et rédigez un engagement concret pour chaque cas proposé.*

Autour de vous il y a :

**1.** Un animal de compagnie ou abandonné ou sauvage, lequel ?

_ _ _ _ _ _ _ _ _ _ _ _ _ _ _ _ _ _ _ _ _ _ _ _ _ _ _ _ _ _

Quel acte gratuit de compassion ou d'aide pourriez-vous avoir pour lui ?

_ _ _ _ _ _ _ _ _ _ _ _ _ _ _ _ _ _ _ _ _ _ _ _ _ _ _ _ _ _

**2.** Un végétal (arbre, plante, fleur, aromates...), lequel ?

_ _ _ _ _ _ _ _ _ _ _ _ _ _ _ _ _ _ _ _ _ _ _ _ _ _ _ _ _ _

Dans quel acte gratuit qui contribuerait à son bien-être pourriez-vous vous engager ?

_ _ _ _ _ _ _ _ _ _ _ _ _ _ _ _ _ _ _ _ _ _ _ _ _ _ _ _ _ _

**3.** Un jardin, un balcon, une fenêtre d'appartement, une porte, le(s)quel(s) ?

_____

Comment pourriez-vous enrichir la vue et l'esprit des passants en aménageant l'un ou plusieurs de ces accessoires ?

_____

**4.** De la pollution ou un type de nuisance précis (sonore, déchets sauvages...), le(s)quel(s) ?

_____

Comment pourriez-vous agir afin de réduire ces sources nuisibles, individuellement ou collectivement ?

_____

**5.** Des affaires ou des objets inutiles ou en double, le(s)quel(le)s ?

_____

Comment pourriez-vous agir afin que ces affaires ou objets servent à des gens qui en ont besoin ?

_____

**6.** Des demandes ponctuelles d'aide auxquelles vous êtes resté sourd, lesquelles ?

_____

Comment pourriez-vous y répondre selon vos possibilités ?

_____

## Commentaire

*Cette mise à jour montre qu'il y a aussi d'autres modes d'action que l'intervention directe pour développer son altruisme d'une manière très concrète et au plan collectif. Seulement, se pencher sur le bien-être du règne animal ou végétal, s'engager pour limiter la pollution, etc., implique d'orienter son regard vers ce que beaucoup de gens appellent les « à-côtés de la vie » ! Pourtant un oiseau qui trouve une boule de graines en hiver sur un balcon chantera pour tous au printemps, une fenêtre décorée d'un cristal suspendu qui réfracte sous forme d'arc-en-ciel les rayons du soleil enchantera l'âme de tous les passants… Ces tout petits riens que vous décidez d'instaurer représentent encore plus d'altruisme à partager, et l'altruisme est contagieux…*

# Exercice n°42 • L'altruisme à distance

La pensée voyage, elle est énergie ; c'est pour cela que vous avez l'intuition que quelqu'un va vous appeler, ou que vous sentez qu'un ami n'est pas bien au moment où vous pensez à lui. Voici comment développer la pensée altruiste à distance pour ceux qui en ont besoin.

*Suivez bien les instructions proposées. Habituez-vous à prendre du temps régulièrement pour développer cette faculté en vous. Asseyez-vous face à votre bureau. Vous pouvez utiliser la photo de la personne si vous avez du mal à visualiser les gens.*

**1.** Vous savez qu'un de vos proches n'est pas bien, mais vous ne pouvez vous déplacer. Posez-vous quelques instants, respirez tranquillement en privilégiant des expirations plus longues que les inspirations. Cela va vous détendre et vous aider à vous concentrer. Faites cela au moins une minute.

**2.** Si vous avez la photo de cette personne, posez-la devant vous et regardez-la tranquillement, sinon essayez de la visualiser yeux fermés ou pensez simplement à elle pendant quelques instants.

**3.** Mettez en mots, aussi bien en paroles qu'en pensées, ce qu'il vous paraît important de donner à cette personne. Si c'est une personne mélancolique par exemple, vous pouvez dire : « Je t'envoie toute la clarté dont tu as besoin pour revenir vers un état de joie et de bien-être. » Comme vous connaissez la personne, vous vous adaptez en fonction de son état. Vous pouvez aussi écrire vos phrases sur un papier pour bien les clarifier.

**4.** Chauffez vos deux paumes de mains en les frottant l'une contre l'autre, positionnez-les au-dessus de la photo de la personne, ou imaginez que vous êtes à côté d'elle et que vous dirigez cette chaleur de compassion reliée à votre cœur vers elle. Vous inspirez doucement par le nez, et en soufflant vous imaginez que vous envoyez toute votre énergie d'amour à travers vos paumes de mains vers elle, tout en disant ou pensant votre phrase d'affirmation. Créez bien cette sensation énergétique d'amener de l'énergie dans vos paumes de mains à l'inspiration, et d'envoyer l'énergie à l'expiration, et ceci à chaque cycle respiratoire. Prenez le temps que vous désirez.

**5.** Terminez en frottant vos deux paumes et en vous massant le visage et tout le torse. Revenez ensuite à vos activités.

## Commentaire

*Ce type de travail énergétique est connu depuis les Esséniens ou même les Égyptiens. Penser concrètement en bien à quelqu'un, produire votre propre énergie pour la partager avec lui, apporte des résultats de bien-être mesurables scientifiquement. De plus, cela développe en vous le partage d'une conscience universelle et protectrice. Ici vous ne pratiquez pas la prière en utilisant un intermédiaire, vous investissez très directement dans vos capacités en produisant votre processus de bien-être. N'hésitez pas à partager ce type de méthode avec des enfants, leur pouvoir créatif est énorme, ils vont envoyer les rayons de soleil, la pureté du cristal ! Vous pouvez vous en inspirer !*

# Exercice n°43 • L'altruisme avec son pire ennemi

Il arrive parfois que l'on côtoie son pire ennemi, celui qui veut vraiment vous blesser gratuitement ou vous nuire de toutes les façons. Cette énergie est très intéressante à utiliser pour aller encore plus loin dans l'altruisme. D'ailleurs cette épreuve est indispensable pour repousser vos limites, elle est donc très riche !

*Faites bien les deux parties de cet exercice en vous appliquant à vous investir émotionnellement.*

**1.** Vous êtes assis et vous respirez tranquillement. Vous massez avec votre index le centre de votre front pour vous détendre, puis les deux tempes avec vos deux index et majeurs réunis. Vous terminez en étirant chaque lobe de l'oreille afin de bien détendre votre corps et votre mental. Fermez vos yeux (si possible). Si cela est supportable pour vous, visualisez ou ressentez une scène dans laquelle votre agresseur psychologique est face à vous, dans toute sa haine, ou l'état qui vous effraie.

**2.** En respirant lentement, chauffez vos deux paumes de mains en les frottant l'une contre l'autre ; maintenant (jouez le jeu), imaginez que vous prenez l'une des mains de votre ennemi entre vos deux paumes de mains chaudes (vous pouvez mimer le geste). N'hésitez pas, faites-le, le plus en ressenti possible. Vous ne craignez rien. Puis ressentez votre chaleur qui, grâce au rythme de votre respiration, va peu à peu gagner toute la personne, passer dans son bras, son cœur, sa tête. Cette personne, peu à peu, se détend, et plus vous la ressentez s'approcher d'un état de paix, plus vous acceptez de lui sourire, que votre énergie du cœur se répande en elle, et que cette énergie apaise tout le mental de cet agresseur qui commence maintenant à vous regarder différemment, à vous ressentir autrement. Vous terminez cette scène avec les deux mains de la personne entre vos paumes de mains. Vous profitez de cet instant. Vous frottez de nouveau vos deux paumes, vous passez la chaleur sur votre visage, et vous revenez dans la réalité en gardant un souvenir positif et constructif de la personne.

Vous revenez à vos activités plus en joie.

## Commentaire

*On ne parle pas ici de pardon, mais du fait que quelqu'un qui cherche à nuire est lui-même en grande souffrance. Encore une fois, grâce à cet exercice, vous faites abstraction de votre personne, de vos zones de sécurité. Vous allez à l'essentiel en dépassant les limites de vos raisonnements habituels. Il faut aussi bien comprendre que vous pouvez apporter énormément d'aide indirecte en ayant ce genre de pratique, car la pensée développe de l'énergie, donc en pensant positivement à cette personne, vous l'amenez à plus de clarté et de mieux-être. Ici le développement de votre altruisme se manifeste par votre capacité à aller au-delà de vos peurs et jugements pour offrir et donner votre aide, sans attente de réciprocité.*

# Exercice n° 44 • Altruisme et sacrifice

À quel moment pourriez-vous mettre une limite volontaire à l'altruisme ? Quand estimez-vous entrer dans une zone de sacrifice personnel ?

Répondez par oui ou par non aux exemples proposés ; méditez ensuite sur vos propres limites en les écrivant noir sur blanc.

**1.** Par altruisme, êtes-vous prêt à :

Obéir sans aucune réflexion parce que la situation l'exige ? _ _ _ _ _ _ _ _ _

Donner votre manteau alors que vous êtes déjà gelé ? _ _ _ _ _ _ _ _ _ _

Apporter votre aide à une personne qui vous met mal à l'aise ? _ _ _ _ _ _ _

Donner votre argent quitte à vous mettre dans l'embarras ? _ _ _ _ _ _ _ _

Vous mêler d'une histoire qui ne vous concerne pas ? _ _ _ _ _ _ _ _ _ _ _

Sacrifier de votre sommeil pour venir en aide ?_ _ _ _ _ _ _ _ _ _ _ _ _

**2.** En toute sincérité, quelle est la limite que vous ne souhaitez pas franchir ?

_ _ _ _ _ _ _ _ _ _ _ _ _ _ _ _ _ _ _ _ _ _ _ _ _ _ _ _ _ _ _ _ _

_ _ _ _ _ _ _ _ _ _ _ _ _ _ _ _ _ _ _ _ _ _ _ _ _ _ _ _ _ _ _ _ _

_ _ _ _ _ _ _ _ _ _ _ _ _ _ _ _ _ _ _ _ _ _ _ _ _ _ _ _ _ _ _ _ _

## Commentaire

*Ne portez pas de jugement sur votre comportement et votre manière d'être. La plus belle preuve d'amour résidera dans le fait de reconnaître très simplement où vous en êtes. Ce sera comme poser un repère sur votre chemin de vie. Ensuite, il est primordial de prendre conscience que chacun possède des limites qu'il est parfois douloureux d'assouplir. L'altruisme est une partie de vous mais ne recouvre pas non plus tout ce que vous avez à expérimenter sur terre. En revanche utiliser chaque expérience d'altruisme pour élargir vos repères vous fera croître dans la confiance, prêter attention aux autres et à leurs besoins, et enrichira votre cœur. Chacun possède sa juste mesure !*

# 8

•

# L'altruisme et le collectif

En bâtissant un pont émotionnel entre vous et ceux que vous souhaitez aider, vous avez compris que l'altruisme n'obéit pas à une simple pulsion de convenance et de morale, et ne se traduit pas forcément par des actions spectaculaires. Au quotidien, l'altruisme par petites touches transforme le vécu des autres comme le vôtre, et pratiqué régulièrement fait boule de neige. Cette façon d'envisager l'altruisme est de plus en plus populaire et même les modèles économiques intègrent le fait que visées sociale et solidaire sont suffisamment puissantes pour devenir rentables. Pourquoi ne pas envisager encore plus d'ampleur en abordant la dimension à grande échelle de l'altruisme ? Sans avoir de lien avec les autres, et même sans communiquer directement avec eux, vous pouvez changer leur vie. N'hésitez pas à diffuser ces idées, l'union fait la force de l'altruisme collectif !

# Exercice n° 45 • L'altruisme pour le collectif

Que serait le monde si chacun gardait ses connaissances pour lui ? Apportez votre contribution au développement collectif. Voici comment procéder.

*Prenez le temps de mettre en mots vos possibilités d'altruisme collectif.*

**1.** À ce jour, dans quels domaines vous sentez-vous le plus avancé (par exemple : le modélisme, la comptabilité, l'éducation et la pédagogie des enfants...) ?

_____

_____

_____

**2.** Quelle faculté aimeriez-vous le plus faire partager (par exemple : comment garder son sang-froid, apprendre aux autres la cuisine, créer des groupes de randonnée...) ?

_____

_____

_____

**3.** Que pensez-vous que cela pourrait apporter au collectif sur le long terme (par exemple : la compréhension que l'échange enrichit chacun, qu'il faut apprendre à faire confiance à l'autre...) ?

_____

_ _ _ _ _ _ _ _ _ _ _ _ _ _ _ _ _ _ _ _ _ _ _ _ _ _ _ _ _ _ _

_ _ _ _ _ _ _ _ _ _ _ _ _ _ _ _ _ _ _ _ _ _ _ _ _ _ _ _ _ _ _

**4.** Prenez un des mots inscrits en 1, puis ajoutez un mot en 2 qui correspondrait au sens du terme en 1, et enrichissez le tout avec un mot choisi en 3. Continuez ainsi tant que possible.

_ _ _ _ _ _ _ _ _ _ _ _ _ _ _ _ _ _ _ _ _ _ _ _ _ _ _ _ _ _ _

_ _ _ _ _ _ _ _ _ _ _ _ _ _ _ _ _ _ _ _ _ _ _ _ _ _ _ _ _ _ _

_ _ _ _ _ _ _ _ _ _ _ _ _ _ _ _ _ _ _ _ _ _ _ _ _ _ _ _ _ _ _

## Commentaire

*Que l'on soit jeune ou âgé, qu'on ait déjà une vie active bien développée ou non, inscrire dans son parcours de vie le partage de ses connaissances est un acte d'altruisme dont tout le monde bénéficie et qui lui aussi fait boule de neige. Penser en termes de collectif plutôt que seulement en termes individuels va changer toute votre manière d'évoluer dans le monde ainsi que vos rapports avec les gens. Ce type de partage crée des vocations, génère des rencontres inattendues hors des sentiers battus. Il produit des fruits colorés, fait circuler les richesses des cultures et les idées qui font progresser chacun. Il crée une dynamique forte qui enrichit la pensée collective et peut faire bouger bien des lignes de vie, avec comme référents l'écoute et l'envie de communication.*

# Exercice n. 46 • L'altruisme sur Internet

Internet est très intéressant pour offrir et partager, dans un objectif désintéressé. Alors pourquoi se priver de ce média pour développer votre don ?

Il est à noter que si vous ne possédez pas Internet, rien ne vous empêche de rejoindre une association.

*Ouvrez un blog : des logiciels gratuits proposent des structures toutes faites à personnaliser. En tapant sur un moteur de recherche le nom du thème que vous voulez partager et en y associant le mot « forum », vous allez avoir accès à des forums d'échange liés à votre objectif[1].*

**1.** Trouvez deux ou trois mots maximum (un seul serait parfait !) qui résument le thème général de ce que vous voulez promouvoir et partager. Rappelez-vous que ces mots seront aussi des mots clés sur les moteurs de recherche.

*Par exemple : beauté, soins de la peau...*

\_ \_ \_ \_ \_ \_ \_ \_ \_ \_ \_ \_ \_ \_ \_ \_ \_ \_ \_ \_ \_ \_ \_ \_ \_ \_ \_ \_ \_ \_

\_ \_ \_ \_ \_ \_ \_ \_ \_ \_ \_ \_ \_ \_ \_ \_ \_ \_ \_ \_ \_ \_ \_ \_ \_ \_ \_ \_ \_ \_

\_ \_ \_ \_ \_ \_ \_ \_ \_ \_ \_ \_ \_ \_ \_ \_ \_ \_ \_ \_ \_ \_ \_ \_ \_ \_ \_ \_ \_ \_

**2.** Écrivez encore trois mots qui vont caractériser ce thème et en représenter des chapitres généraux.

*Par exemple : crème hydratante, eau florale, application...*

\_ \_ \_ \_ \_ \_ \_ \_ \_ \_ \_ \_ \_ \_ \_ \_ \_ \_ \_ \_ \_ \_ \_ \_ \_ \_ \_ \_ \_ \_

\_ \_ \_ \_ \_ \_ \_ \_ \_ \_ \_ \_ \_ \_ \_ \_ \_ \_ \_ \_ \_ \_ \_ \_ \_ \_ \_ \_ \_ \_

\_ \_ \_ \_ \_ \_ \_ \_ \_ \_ \_ \_ \_ \_ \_ \_ \_ \_ \_ \_ \_ \_ \_ \_ \_ \_ \_ \_ \_ \_

1. Vous n'êtes pas obligé de citer votre nom : vous pouvez prendre un pseudo pour plus de tranquillité.

**3.** Pour chacun des trois mots choisis, écrivez une courte phrase développant un minimum le sens général.

*Par exemple : nourrit l'épiderme, rafraîchit la peau, deux fois par jour...*

_____

_____

_____

**4.** Développez un paragraphe court pour aller plus loin dans ce que vous avez envie de faire partager aux gens pour chaque chapitre présenté :

_____

_____

_____

**5.** Proposez aux gens de continuer vos paragraphes en laissant une adresse mail où envoyer leurs textes, en précisant que vous vous réservez le droit de choisir ce qui vous convient.

**6.** En échange, si vous le désirez, chaque visiteur intéressé pourra proposer des liens (que vous accepterez ou non) qui relieront votre site à d'autres sites de mise à disposition d'informations dont pourra bénéficier le plus grand nombre.

## Commentaire

*Il est évident que donner au plus grand nombre est extrêmement généreux, car les livres sont coûteux et se former prend du temps. De nombreuses communautés sur Internet créent des sites d'échange d'informations totalement gratuits. Des scientifiques à Paris, par exemple, qui ne peuvent diffuser leurs recherches et les* développer, les mettent en partage ; des chercheurs au Japon y puisent et font avancer l'histoire en y ajoutant leurs propres résultats. Tout le monde est gagnant. C'est aussi parfait pour une personne isolée. Vous pouvez aussi utiliser les réseaux Facebook ou Twitter. Encore une fois, vous êtes à la base d'une dynamique en offrant votre savoir. Même si celui-ci vous paraît au départ tout petit, cela peut avoir de grandes répercussions ailleurs ! Votre altruisme vous engage dans la dynamique collective.

# Exercice 47 • L'altruisme boule de neige

Voici un système très simple, qui permet à chacun de se responsabiliser dans sa décision d'être altruiste !

> Suivez simplement le processus décrit. Puis sollicitez
> vos proches pour bien comprendre le processus.

**1.** Pensez à un acte que vous pouvez facilement mettre en place et qui profitera à deux de vos proches (famille, amis, collègues).

*Par exemple : acheter deux places à offrir pour le grand feu d'artifice du château de Versailles.*

**2.** Offrez ces places à deux de vos proches. Vous ne formulez aucune demande pour vous, mais vous escomptez que ces deux personnes feront à leur tour bénéficier deux autres personnes chacune (donc quatre personnes en tout) d'un acte désintéressé. Puis ces quatre personnes vont à leur tour en faire autant (on arrive maintenant à huit personnes qui reçoivent !), etc. Donc on passe très rapidement d'un acte désintéressé, à une multitude d'engagements d'altruisme ! Il faut que les objectifs soient simples et concrets, faciles à mettre en place, et apportent des aides directes, aux effets constatables pour chacun.

## Commentaire

*Ce type de répartition d'altruisme provient des expériences menées aux États-Unis dans les collèges, où des rivalités très fortes entre les gangs pervertissaient tous les liens. C'est un excellent outil d'apaisement, qui produit des « fleurs » spectaculaires très rapidement au plan relationnel. Certains peuvent offrir un cours de musique, d'autres une lecture de poésie ou encore une aide pour réparer une voiture. Ce qui est déterminant, c'est de ne rien attendre pour soi-même, mais d'offrir la possibilité aux gens de recevoir pour mieux redistribuer ensuite. C'est l'effet « boule de neige » appliqué à l'altruisme ! L'idéal serait de déclarer chaque année une journée de l'altruisme et de mettre ce système en place !*

# Exercice n°48 • La roue de la réalisation : la foi dans le rapport humain

C'est en vous réalisant vous-même que vous faites tourner la roue de la vie pour les autres, qui ainsi bénéficient de votre développement intérieur. Voici comment placer votre note de musique sur une partition d'altruisme.

*Complétez chaque ligne avec des termes. Mettez en rapport, par des flèches, les termes qui se correspondent entre chaque paragraphe.*

**1.** Une énergie positive : dans la famille – dans mon groupe d'amis – dans mon travail :

_____

**2.** Elle se manifeste : par le respect de l'autre – par le partage des expériences de chacun – par l'écoute :

‾ ‾ ‾ ‾ ‾ ‾ ‾ ‾ ‾ ‾ ‾ ‾ ‾ ‾ ‾ ‾ ‾ ‾ ‾ ‾ ‾ ‾ ‾ ‾ ‾ ‾ ‾ ‾ ‾ ‾ ‾ ‾ ‾

**3.** Je peux dynamiser cette énergie en apportant au groupe : ma vision du monde – mon envie de partage des expériences :

‾ ‾ ‾ ‾ ‾ ‾ ‾ ‾ ‾ ‾ ‾ ‾ ‾ ‾ ‾ ‾ ‾ ‾ ‾ ‾ ‾ ‾ ‾ ‾ ‾ ‾ ‾ ‾ ‾ ‾ ‾ ‾ ‾

**4.** Je peux dynamiser cette énergie de groupe en travaillant ces facultés personnelles : ma tolérance – ma gaieté – ma curiosité :

‾ ‾ ‾ ‾ ‾ ‾ ‾ ‾ ‾ ‾ ‾ ‾ ‾ ‾ ‾ ‾ ‾ ‾ ‾ ‾ ‾ ‾ ‾ ‾ ‾ ‾ ‾ ‾ ‾ ‾ ‾ ‾ ‾

**5.** Ainsi, dans ces échanges le groupe peut m'apporter : profondeur de réflexion – partages riches et pleins de cœur – maturité :

‾ ‾ ‾ ‾ ‾ ‾ ‾ ‾ ‾ ‾ ‾ ‾ ‾ ‾ ‾ ‾ ‾ ‾ ‾ ‾ ‾ ‾ ‾ ‾ ‾ ‾ ‾ ‾ ‾ ‾ ‾ ‾ ‾

## Commentaire

*Prendre conscience que nous sommes tous interconnectés est très important. Vivre dans un environnement où tout le monde est triste n'est, sur le plan émotionnel, facile pour personne. En revanche, si, dans cet environnement, la base qui réunit les gens est celle de l'altruisme dynamique, tout devient beaucoup plus rapide à traiter, à vivre et à faire évoluer. Ne vous imaginez pas être en retrait du malheur de quelqu'un vivant à 3 000 km de distance, ni du bonheur d'un ami que vous n'avez pas revu depuis 20 ans. La roue de la réalisation humaine fait qu'« un battement d'aile de papillon à Tokyo soulève le fond de l'Atlantique en Occident ». Chaque parole, acte ou pensée compte.*

# Exercice n°49 • La méditation de l'altruisme

Prendre du temps pour clarifier son mental et ne penser qu'au bonheur des autres personnes, c'est donner une énergie personnelle pure et sincère, tournée vers l'évolution collective.

*Pratiquez pas à pas cette méditation, le temps qui vous paraît suffisant. D'abord, pensez à un groupe de personnes à qui vous souhaiter apporter votre soutien (famille, amis, gens d'une région, d'un pays...).*

**1.** Placez-vous face à une bougie allumée, à un mètre. Fixez-la doucement sans cligner des yeux. Quand les larmes coulent, chauffez vos deux paumes de mains et couvrez vos yeux pour vous détendre. Entrouvrez un peu les paupières tout en vous concentrant sur votre front ; imaginez que vous percevez la flamme par le centre du front, que vous en sentez la chaleur sur celui-ci.

**2.** Maintenant, si vous le désirez, fermez les yeux. Pensez au groupe que vous voulez mettre en lumière. Si c'est facile pour vous, pensez à l'image du groupe face à vous, sinon évoquez-le intérieurement. Laissez venir à vous un sentiment d'amour, de compassion. Mettez ce groupe dans la lumière associée à votre sentiment d'amour. Prenez le temps de sentir que vous vous adressez vraiment à eux, qu'il y a un véritable lien créé entre vous et ces gens, et nourrissez ce lien par votre bienveillance. Prenez votre temps.

**3.** Revenez dans le présent en vous étirant tranquillement.

## Commentaire

*C'est en associant votre pensée à celle d'un groupe que vous construisez un chemin dynamique et un lien nourricier avec les autres. Cette méditation est utilisée dans les assemblées de personnes qui ont à vivre ensemble, à construire ensemble ; cela*

*renforce la cohésion et la cohérence du groupe. C'est un don d'al-
truisme personnel pour l'évolution du plus grand nombre. D'autre
part, en aidant à l'évolution de ce groupe, vous bénéficiez de la
sienne en retour.*

# Exercice n 50 • Pensée juste et action juste

Après avoir mis en application vos propres préceptes, à la
lumière des exercices de ce livre, il est bon de faire un bilan et
de clarifier vos compréhensions.

*Répondez par oui ou par non aux propositions de
définition de l'altruisme. Ajoutez vous-même d'autres
définitions. Puis faites une synthèse écrite de quelques
lignes pour développer votre pensée sur cette notion.*

| Qu'est-ce que l'altruisme ? | Oui/Non |
|---|---|
| Le souci d'autrui ? | |
| Le sens de la solidarité ? | |
| Ne pas être égoïste ? | |
| La réparation de son passé, afin de ne plus culpabiliser ? | |
| Faire le sacrifice de soi ? | |
| Arrêter de souffrir soi-même ? | |
| Apporter une solution à celui qui souffre car c'est insupportable ? | |
| Recevoir de l'amour en retour ? | |
| Se sentir bien et complet ? | |
| Oublier sa personnalité pour aider l'autre ? | |

| Qu'est-ce que l'altruisme ? | Oui/Non |
|---|---|
| Rentrer dans le partage ? | |
| Faire preuve de compassion ? | |
| Aimer son prochain comme soi-même ? | |
| Rechercher le progrès ? | |
| Faire à la place de l'autre ? | |
| Ne pas se sentir inutile ? | |
| De l'amour désintéressé ? | |

C'est aussi...

_____

_____

_____

Synthèse :

_____

_____

_____

## Commentaire

*Pensée juste et action juste : selon nos capacités, selon notre éveil, nous cherchons tous à trouver un équilibre entre ce que requiert la situation et la manière dont nous pouvons nous y engager, pour nous-mêmes comme pour les autres. L'altruisme est un chemin qui se construit pas à pas : personne n'est placé sur cette voie dès sa naissance ! C'est pour cela qu'il faut bien prendre en compte le fait qu'être autonome de pensée et d'énergie personnelle est nécessaire pour construire un parcours de vie qui nous laisse disponibles dans* notre tête et dans notre corps. Ce travail intérieur, sur le corps et l'esprit, représente les fondations de l'édifice. L'altruisme, c'est déjà reconnaître notre rôle sur terre et accepter que notre contribution, notre implication dans l'évolution de la collectivité sont déterminantes. La manière dont nous nous engageons et partageons notre éveil avec les autres relève d'un fonctionnement simple. On est et on devient ce que l'on expérimente, ce que l'on donne et ce que l'on partage !

# Conclusion

Vous avez pu le comprendre par vous-même, pratiquer l'altruisme est une véritable réalisation personnelle, un chemin qui requiert remise en question, parfois de mettre de côté une partie de ses objectifs. Il s'agit d'être à l'écoute des autres et de comprendre le fonctionnement du monde. De ne pas suivre les groupes de pression, les sirènes de l'individualisme, qui vous présentent l'égoïsme comme un mode de vie plein d'avenir et de richesses ! Une règle essentielle est donc à retenir : lorsqu'on sème, on récolte ! Il ne s'agit pas de se référer aux notions de bien, de mal ou aux croyances, mais de considérer des faits avérés.

Prenez comme maxime : « On ne reçoit que ce que l'on donne » ; c'est à vous d'apposer votre couleur dans ce nouvel espace de partage et de découverte des rapports humains. Dans le fond, la vie est courte, il faut garder en tête que vous emporterez un jour le bagage de votre cœur et de votre esprit, alors que la pierre, le marbre et l'or ne suivront pas l'élévation naturelle de votre âme ! C'est à travers votre progression intérieure que vos amis, votre famille ou vos proches bénéficieront de vos avancées sur votre chemin. Quelle plus belle transmission que celle de la responsabilité terrestre pourriez-vous offrir à ceux qui vous entourent ?

Composé par STDI

Achevé d'imprimer : EMD S.A.S.
N° d'éditeur : 4593
N° d'imprimeur : 00000
Dépôt légal : décembre 2012

*Imprimé en France*